LA
CONQUÊTE DU PAIN

ÉMILE COLIN. — IMPRIMERIE DE LAGNY.

PIERRE KROPOTKINE

LA CONQUÊTE DU PAIN

PRÉFACE

PAR

ÉLISÉE RECLUS

DEUXIÈME ÉDITION

PARIS

TRESSE & STOCK, ÉDITEURS

8, 9, 10, 11, GALERIE DU THÉATRE-FRANÇAIS

PALAIS-ROYAL

1892

PRÉFACE

Pierre Kropotkine m'a demandé d'écrire quelques mots en tête de son ouvrage, et je me rends à son désir, tout en éprouvant une certaine gêne à le faire. Ne pouvant rien ajouter au faisceau d'arguments qu'il apporte dans son œuvre, je risque d'affaiblir la force de ses paroles. Mais l'amitié m'excuse. Alors que pour les « républicains » français le suprême bon goût est de se prosterner aux pieds du tsar, j'aime à me rapprocher des hommes libres qu'il ferait battre de verges, qu'il enfermerait dans les oubliettes d'une citadelle ou pendre dans une cour obscure. Avec ces amis, j'oublie un instant l'abjection des renégats qui s'enrouaient dans leur jeunesse à crier : Liberté, Liberté ! et qui s'appliquent maintenant à marier les deux airs de la *Marseillaise* et de *Boje Tsara Khrani.*

Le dernier ouvrage de Kropotkine, les *Paroles d'un Révolté*, se livrait surtout à une critique ardente de la société bourgeoise, à la fois si féroce et si corrompue, et faisait appel aux énergies révolutionnaires contre l'Etat et le régime capitaliste. L'ouvrage actuel, faisant suite aux *Paroles*, est de plus paisible allure. Il s'adresse aux hommes de bon vouloir qui désirent honnêtement collaborer à la transformation sociale, et leur expose suivant les grands traits les phases de l'histoire imminente qui nous permettront de constituer enfin la famille humaine sur les ruines des banques et des Etats.

Le titre du livre : *La Conquête du Pain* doit être pris dans le sens le plus large, car « l'homme ne vit pas de pain seulement. » A une époque où les généreux et les vaillants essaient de transformer leur idéal de justice sociale en réalité vivante, ce n'est point à conquérir le pain, même avec le vin et le sel, que se borne notre ambition. Il faut conquérir aussi tout ce qui est nécessaire ou même simplement utile au confort de la vie ; il faut que nous puissions assurer à tous la pleine satisfaction des besoins et des jouissances. Tant que nous n'aurons pas fait cette première « conquête », tant qu'il « y aura des pauvres avec nous », c'est une moquerie amère de donner le nom de « société » à cet ensemble d'êtres humains qui se haïssent et qui s'entre-détruisent, comme des animaux féroces enfermés dans une arène.

Dès le premier chapitre de son ouvrage, l'auteur énumère les immenses richesses que l'humanité possède déjà et le prodigieux outillage de machines qu'elle s'est acquis par le travail collectif. Les produits obtenus chaque année suffiraient amplement à fournir le pain à tous les hommes, et si le capital énorme de cités et de maisons, de champs labourables, d'usines, de voies de transport et d'écoles devenait propriété commune au lieu d'être détenu en propriétés privées, l'aisance serait facile à conquérir : les forces qui sont à notre disposition seraient appliquées, non à des travaux inutiles ou contradictoires, mais à la production de tout ce qu'il faut à l'homme pour l'alimentation, le logement, les habits, le confort, l'étude des sciences, la culture des arts.

Toutefois la reprise des possessions humaines, l'expropriation, en un mot, ne peut s'accomplir que par le communisme anarchique : il faut détruire le gouvernement, déchirer ses lois, répudier sa morale, ignorer ses agents, et se mettre à l'œuvre en suivant sa propre initiative et en se groupant selon ses affinités, ses intérêts, son idéal, et la nature des travaux entrepris. Cette question de l'expropriation, la plus importante du livre, est aussi l'une de celles que l'auteur a traitées avec le plus de détails, sobrement et sans violence de paroles, mais avec le calme et la netteté de vision que demande l'étude d'une révolution prochaine, désormais inévitable.

C'est après ce renversement de l'Etat que les groupes de travailleurs affranchis, n'ayant plus à peiner au service d'accapareurs et de parasites, pourront se livrer aux occupations attrayantes de labeur librement choisi et procéder scientifiquement à la culture du sol et à la production industrielle, entremêlée de récréations données à l'étude ou au plaisir. Les pages du livre qui traitent des travaux agricoles offrent un intérêt capital, car elles racontent des faits que la pratique a déjà contrôlés et qu'il est facile d'appliquer partout en grand, au profit de tous et non pas seulement pour l'enrichissement de quelques-uns.

Des plaisants parlent de la « fin de siècle » pour railler les vices et les travers de la jeunesse élégante ; mais il s'agit maintenant de bien autre chose que de la fin d'un siècle ; nous arrivons à la fin d'une époque, d'une ère de l'histoire. C'est l'antique civilisation tout entière que nous voyons s'achever. Le droit de la force et le caprice de l'autorité, la dure tradition juive et la cruelle jurisprudence romaine ne nous imposent plus ;

nous professons une foi nouvelle, et dès que cette foi, qui est en même temps la science, sera devenue celle de tous ceux qui cherchent la vérité, elle prendra corps dans le monde des réalisations, car la première des lois historiques est que la société se modèle sur son idéal. Comment les défenseurs de l'ordre suranné des choses pourraient-ils le maintenir? Ils ne croient plus; n'ayant plus ni guide ni drapeau, ils combattent au hasard. Contre les novateurs ils ont des lois et des fusils, des policiers à gourdins et des parcs d'artillerie, mais tout cela ne peut faire équilibre à une pensée, et tout l'ancien régime de bon plaisir et de compression est destiné à se perdre bientôt dans une sorte de préhistoire.

Certes, l'imminente révolution, si importante qu'elle puisse être dans le développement de l'humanité, ne différera point des révolutions antérieures en accomplissant un brusque saut: la nature n'en fait point. Mais on peut dire que, par mille phénomènes, par mille modifications profondes, la société anarchique est déjà depuis longtemps en pleine croissance. Elle se montre partout où la pensée libre se dégage de la lettre du dogme, partout où le génie du chercheur ignore les vieilles formules, où la volonté humaine se manifeste en actions indépendantes, partout où des hommes sincères, rebelles à toute discipline imposée, s'unissent de leur plein gré pour s'instruire mutuellement et reconquérir ensemble, sans maître, leur part à la vie et à la satisfaction intégrale de leurs besoins. Tout cela c'est l'anarchie, même quand elle s'ignore, et de plus en plus elle arrive à se connaître. Comment ne triompherait-elle pas, puisqu'elle a son idéal, et l'audace de sa volonté, tandis que la foule de ses adversaires, désormais sans foi, s'abandonne à la destinée, en criant : « Fin de siècle ! Fin de siècle ! »

La révolution qui s'annonce s'accomplira donc, et notre ami Kropotkine agit en son droit d'historien en se plaçant déjà au jour de la révolution pour exposer ses idées sur la reprise de possession de l'avoir collectif dû au travail de tous et en faisant appel aux timides, qui se rendent parfaitement compte des injustices régnantes, mais qui n'osent pas se mettre en révolte ouverte contre une société de laquelle mille liens d'intérêts et de traditions les font dépendre. Ils savent que la loi est inique et menteuse, que les magistrats sont les courtisans des forts et les oppresseurs des faibles, que la conduite régulière de la vie et la probité soutenue du labeur ne sont pas toujours récompensées par la certitude d'avoir un morceau de pain, et que la cynique impudence du boursicotier, l'âpre cruauté du prêteur sur gages sont de meilleures armes que toutes les vertus pour la « conquête du pain » et du bien-être ; mais au lieu de régler leurs pensées, leurs vœux, leurs entreprises, leurs actions d'après leur sens éclairé de la justice, la plupart s'enfuient dans quelque impasse latérale pour échapper aux dangers d'une franche attitude. Tels les néo-religieux, qui ne pouvant plus confesser la « foi absurde » de leurs pères, s'adonnent à quelque mystagogie plus originale, sans dogmes précis et se perdant en un brouillard de sentiments confus : ils se feront spiritistes, rose-croix, bouddhistes ou thaumaturges. Disciples prétendus de Çakyamouni, mais sans se donner la peine d'étudier la doctrine de leur maître, les messieurs mélancoliques et les dames vaporeuses feignent de chercher la paix dans l'anéantissement du nirvana.

Mais puisqu'elles parlent sans cesse de l'idéal, que ces « belles âmes » se rassurent. Etres matériels que nous sommes, nous avons, il est vrai, la faiblesse de penser à la nourriture, car elle nous a manqué souvent ; elle manque maintenant à des millions de nos frères slaves, les sujets du tsar, et à des millions d'autres encore ; mais par delà le pain, par delà le bien-être et toutes les richesses collectives que peut nous procurer la mise en œuvre de nos campagnes, nous voyons surgir au loin devant nous tout un monde nouveau dans lequel nous pourrons pleinement nous aimer et satisfaire cette noble passion de l'idéal que les amants éthérés du beau, faisant fi de la vie matérielle, disent être la soif inextinguible de leur âme ! Quand il n'y aura plus ni riche, ni pauvre, quand le famélique n'aura plus à regarder le repu d'un œil d'envie, l'amitié naturelle pourra renaître entre les hommes, et la religion de la solidarité, étouffée aujourd'hui, prendra la place de cette religion vague qui dessine des images fuyantes sur les vapeurs du ciel.

La révolution tiendra plus que ses promesses ; elle renouvellera les sources de la vie en nous lavant du contact impur de toutes les polices et en nous dégageant enfin de ces viles préoccupations de l'argent qui empoisonnent notre existence. C'est alors que chacun pourra suivre librement sa voie : le travailleur accomplira l'œuvre qui lui convient ; le chercheur étudiera sans arrière-pensée ; l'artiste ne prostituera plus son idéal de beauté pour son gagne-pain et tous désormais amis, nous pourrons réaliser de concert les grandes choses entrevues par les poètes.

Alors sans doute on se rappellera quelquefois les noms de ceux qui, par leur propagande dévouée, payée de l'exil ou de la prison, auront préparé la société nouvelle. C'est à eux que nous pensons en éditant la *Conquête du Pain* : ils se sentiront quelque peu fortifiés en recevant ce témoignage de la pensée commune à travers leurs barreaux ou sur la terre étrangère. L'auteur m'approuvera certainement si je dédie son livre à tous ceux qui souffrent pour la cause, et surtout à un ami bien cher dont la vie tout entière fut un long combat pour la justice. Je n'ai point à dire son nom : en lisant ces paroles d'un frère, il se reconnaîtra aux battements de son cœur.

ELISÉE RECLUS.

LA CONQUÊTE DU PAIN

NOS RICHESSES

I

L'humanité a fait un bout de chemin depuis ces âges reculés durant lesquels l'homme, façonnant en silex des outils rudimentaires, vivait des hasards de la chasse et ne laissait pour tout héritage à ses enfants qu'un abri sous les rochers, que de pauvres ustensiles en pierre, — et la Nature, immense, incomprise, terrible, avec laquelle ils devaient entrer en lutte pour maintenir leur chétive existence.

Pendant cette période troublée qui a duré des milliers et des milliers d'années, le genre humain a cependant accumulé des trésors inouïs. Il a défriché le sol, desséché les marais, percé les forêts, tracé des routes ; bâti, inventé, observé, raisonné ; créé un outillage compliqué, arraché ses secrets à la Nature, dompté la vapeur ; si bien qu'à sa naissance l'enfant de l'homme civilisé trouve aujourd'hui à son service tout un capital immense, accumulé par ceux qui l'ont précédé. Et ce capital lui permet maintenant d'obtenir, rien que par son travail, combiné avec celui des autres, des richesses dépassant les rêves des Orientaux dans leurs contes des Mille et une Nuits.

Le sol est, en partie, défriché, prêt à recevoir le labour intelligent et les semences choisies, à se parer de luxuriantes récoltes — plus qu'il n'en faut pour satisfaire tous les besoins de l'humanité. Les moyens de culture sont connus.

Sur le sol vierge des prairies de l'Amérique, cent hommes aidés de machines puissantes produisent en quelques mois le blé nécessaire pour la vie de dix mille personnes pendant toute une année. Là où l'homme veut doubler, tripler, centupler son rapport il *fait* le sol, donne à chaque plante les soins qui lui conviennent et obtient des récoltes prodigieuses. Et tandis que le chasseur devait s'emparer autrefois de cent kilomètres carrés pour y trouver la nourriture de sa famille, le civilisé fait croître, avec infiniment moins de peine et plus de sûreté, tout ce qu'il lui faut pour faire vivre les siens sur une dix-millième partie de cet espace.

Le climat n'est plus un obstacle. Quand le soleil manque, l'homme le remplace par la chaleur artificielle, en attendant qu'il fasse aussi la lumière pour activer la végétation. Avec du verre et des conduits d'eau chaude, il récolte sur un espace donné dix fois plus de produits qu'il n'en obtenait auparavant.

Les prodiges accomplis dans l'industrie sont encore

plus frappants. Avec ces êtres intelligents, les machines modernes, — fruit de trois ou quatre générations d'inventeurs, la plupart inconnus,— cent hommes fabriquent de quoi vêtir dix mille hommes pendant deux ans. Dans les mines de charbon bien organisées, cent hommes extraient chaque année de quoi chauffer dix mille familles sous un ciel rigoureux. Et l'on a vu dernièrement toute une cité merveilleuse surgir en quelques mois au Champ de Mars, sans qu'il y ait eu la moindre interruption dans les travaux réguliers de la nation française.

Et si, dans l'industrie comme dans l'agriculture, comme dans l'ensemble de notre organisation sociale, le labeur de nos ancêtres ne profite surtout qu'au très petit nombre, — il n'en est pas moins certain que l'humanité pourrait déjà se donner une existence de richesse et de luxe, rien qu'avec les serviteurs de fer et d'acier qu'elle possède.

Oui certes, nous sommes riches, infiniment plus que nous ne le pensons. Riches par ce que nous possédons déjà ; encore plus riches par ce que nous pouvons produire avec l'outillage actuel. Infiniment plus riches par ce que nous pourrions obtenir de notre sol, de nos manufactures, de notre science et de notre savoir technique, s'ils étaient appliqués à procurer le bien-être de tous.

II

Nous sommes riches dans les sociétés civilisées.

Pourquoi donc autour de nous cette misère ? Pourquoi ce travail pénible, abrutissant des masses ? Pourquoi cette insécurité du lendemain, même pour le travailleur le mieux rétribué, au milieu des richesses héritées du passé et malgré les moyens puissants de production qui donneraient l'aisance à tous, en retour de quelques heures de travail journalier ?

Les socialistes l'ont dit et redit à satiété. Chaque jour ils le répètent, le démontrent par des arguments empruntés à toutes les sciences. Parce que tout ce qui est nécessaire à la production : — le sol, les mines, les machines, les voies de communication, la nourriture, l'abri, l'éducation, le savoir — tout a été accaparé par quelques-uns dans le cours de cette longue histoire de pillage, d'exodes, de guerres, d'ignorance et d'oppression, que l'humanité a vécue avant d'avoir appris à dompter les forces de la Nature.

Parce que, se prévalant de prétendus droits acquis dans le passé, ils s'approprient aujourd'hui les deux tiers des produits du labeur humain qu'ils livrent au gaspillage le plus insensé, le plus scandaleux ; parce que, ayant réduit les masses à n'avoir point devant elles de quoi vivre un mois ou même huit jours, ils ne permettent à l'homme de travailler que s'il consent à leur laisser prélever la part du lion ; parce qu'ils l'empêchent de produire ce dont il a besoin et le forcent à produire, non pas ce qui serait nécessaire aux autres, mais ce qui promet les plus grands bénéfices à l'accapareur.

Tout le socialisme est là !

Voici, en effet, un pays civilisé. Les forêts qui le couvraient autrefois ont été éclaircies, les marais asséchés, le climat assaini : il a été rendu habitable.

Le sol qui ne portait jadis que des herbes grossières, fournit aujourd'hui de riches moissons. Les rochers qui surplombent les vallées du midi sont taillés en terrasses où grimpent les vignes au fruit doré. Des plantes sauvages qui ne donnaient jadis qu'un fruit âpre —, une racine immangeable, — ont été transformées par des cultures successives en légumes succulents, en arbres chargés de fruits exquis.

Des milliers de routes pavées et ferrées sillonnent la terre, percent les montagnes ; la locomotive siffle dans les gorges sauvages des Alpes, du Caucase, de l'Himalaya. Les rivières ont été rendues navigables ; les côtes, sondées et soigneusement relevées, sont d'accès facile ; des ports artificiels, péniblement creusés et protégés contre les fureurs de l'Océan, donnent refuge aux navires. Les roches sont percées de puits profonds ; des labyrinthes de galeries souterraines s'étendent là où il y a du charbon à extraire, du minerai à recueillir. Sur tous les points où des routes s'entrecroisent, des cités ont surgi, elles ont grandi, et dans leurs enceintes se trouvent tous les trésors de l'industrie, de l'art, de la science.

Des générations entières, nées et mortes dans la misère, opprimées et maltraitées par leurs maîtres, exténuées de labeur, ont légué cet immense héritage au dix-neuvième siècle.

Pendant des milliers d'années, des millions d'hommes ont travaillé à éclaircir les futaies, à assécher les marais, à frayer les routes, à endiguer les rivières. Chaque hectare du sol que nous labourons en Europe a été arrosé des sueurs de plusieurs races ; chaque route a toute une histoire de corvées, de travail surhumain, de souffrances du peuple. Chaque lieue de chemin de fer, chaque mètre de tunnel ont reçu leur part de sang humain.

Les puits des mines portent encore, toutes fraîches, les entailles faites dans le roc par le bras du piocheur. D'un poteau à l'autre les galeries souterraines pourraient être marquées d'un tombeau de mineur, enlevé dans la force de l'âge par le grisou, l'éboulement ou l'inondation, et l'on sait ce que chacun de ces tombeaux a coûté de pleurs, de privations, de misères sans nom, à la famille qui vivait du maigre salaire de l'homme enterré sous les décombres.

Les cités, reliées entre elles par des ceintures de fer et des lignes de navigation, sont des organismes qui ont vécu des siècles. Creusez-en le sol, et vous y trouverez les assises superposées de rues, de maisons, de théâtres, d'arènes, de bâtiments publics. Approfondissez-en l'histoire, et vous verrez comment la civilisation de la ville, son industrie, son génie, ont lentement grandi et mûri par le concours de tous ses habitants, avant d'être devenus ce qu'ils sont aujourd'hui.

Et maintenant encore, la valeur de chaque maison, de chaque usine, de chaque fabrique, de chaque magasin, n'est faite que du labeur accumulé des millions de travailleurs ensevelis sous terre; elle ne se maintient que par l'effort des légions d'hommes qui habitent ce point du globe. Chacun des atomes de ce que nous appelons la richesse des nations, n'acquiert sa valeur que par le fait d'être une partie de cet immense tout. Que seraient un dock de Londres ou un grand magasin de Paris s'ils ne se trouvaient situés dans ces grands centres du commerce international? Que seraient nos mines, nos fabriques, nos chantiers et nos voies ferrées, sans les amas de marchandises transportées chaque jour par mer et par terre ?

Des millions d'êtres humains ont travaillé à créer cette civilisation dont nous nous glorifions aujourd'hui. D'autres millions, disséminés dans tous les coins du globe, travaillent à la maintenir. Sans eux, il n'en resterait que décombres dans cinquante ans.

Il n'y a pas jusqu'à la pensée, jusqu'à l'invention, qui ne soient des faits collectifs, nés du passé et du présent. Des milliers d'inventeurs, connus ou inconnus, morts dans la misère, ont préparé l'invention de chacune de ces machines dans lesquelles l'homme admire son génie. Des milliers d'écrivains, de poètes, de savants, ont travaillé à élaborer le savoir, à dissiper l'erreur, à créer cette atmosphère de pensée scientifique, sans laquelle aucune des merveilles de notre siècle n'eût pu faire son apparition. Mais ces milliers de philosophes, de poètes, de savants et d'inventeurs n'avaient ils pas été suscités eux aussi par le labeur des siècles passés ? N'ont-ils pas été, leur vie durant, nourris et supportés, au physique comme au moral, par des légions de travailleurs et d'artisans de toute sorte ? N'ont-ils pas puisé leur force d'impulsion dans ce qui les entourait ?

Le génie d'un Séguin, d'un Mayer et d'un Grove ont certainement fait plus pour lancer l'industrie en des voies nouvelles que tous les capitalistes du monde. Mais ces génies eux-mêmes sont les enfants de l'industrie aussi bien que de la science. Car il a fallu que des milliers de machines à vapeur transformassent d'année en année, sous les yeux de tous, la chaleur en force dynamique, et cette force en son, en lumière et en électricité, avant que ces intelligences géniales vinssent proclamer l'origine mécanique et l'unité des forces physiques. Et si nous, enfants du dix-neuvième siècle, avons enfin compris cette idée, si nous avons su l'appliquer, c'est encore parce que nous y étions préparés par l'expérience de tous les jours. Les penseurs du siècle passé l'avaient aussi entrevue et énoncée : mais elle resta incomprise, parce que le dix-huitième siècle n'avait pas grandi, comme nous, à côté de la machine à vapeur.

Que l'on songe seulement aux décades qui se seraient écoulées encore dans l'ignorance de cette loi qui nous a permis de révolutionner l'industrie moderne, si Watt n'avait pas trouvé à Soho des travailleurs habiles pour construire, en métal, ses devis théoriques, en perfectionner toutes les parties et rendre enfin la vapeur, emprisonnée dans un mécanisme complet, plus docile que le cheval, plus maniable que l'eau ; la faire en un mot l'âme de l'industrie moderne.

Chaque machine a la même histoire : longue histoire de nuits blanches et de misère, de désillusions et de joies, d'améliorations partielles trouvées par plusieurs générations d'ouvriers inconnus qui venaient ajouter à l'invention primitive ces petits riens sans lesquels l'idée la plus féconde reste stérile. Plus que cela, chaque invention nouvelle est une synthèse — résultat de mille inventions précédentes dans le champ immense de la mécanique et de l'industrie.

Science et industrie, savoir et application, découverte et réalisation pratique menant à de nouvelles découvertes, travail cérébral et travail manuel, —

pensée et œuvre des bras — tout se tient. Chaque découverte, chaque progrès, chaque augmentation de la richesse de l'humanité a son origine dans l'ensemble du travail manuel et cérébral du passé et du présent.

Alors, de quel droit quiconque pourrait-il s'approprier la moindre parcelle de cet immense tout, et dire : Ceci est à moi, non à vous ?

III

Mais il arriva, pendant la série des âges traversés par l'humanité, que tout ce qui permet à l'homme de produire et d'accroître sa force de production fut accaparé par quelques-uns. Un jour nous raconterons peut-être comment cela s'est passé. Pour le moment il nous suffit de constater le fait et d'en analyser les conséquences.

Aujourd'hui, le sol qui tire sa valeur précisément des besoins d'une population toujours croissante, appartient aux minorités qui peuvent empêcher, et empêchent, le peuple de le cultiver, ou ne lui permettent pas de le cultiver selon les besoins modernes. Les mines qui représentent le labeur de plusieurs générations, et qui ne dérivent leur valeur que des besoins de l'industrie et de la densité de la population, appartiennent encore à quelques-uns ; et ces quelques-uns limitent l'extraction du charbon ou la prohibent totalement, s'ils trouvent un placement plus avantageux pour leurs capitaux. La machine aussi est encore la propriété de quelques-uns seulement, et lors même que telle machine représente incontestablement les perfectionnements apportés à l'engin primitif par trois générations de travailleurs, elle n'en appartient pas moins à quelques patrons ; et si les petits-fils de ce même inventeur qui construisit, il y a cent ans, la première machine à dentelles se présentaient aujourd'hui dans une manufacture de Bâle ou de Nottingham et réclamaient leur droit, on leur crierait : « Allez-vous en ! cette machine n'est pas à vous ! » et on les fusillerait s'ils voulaient en prendre possession.

Les chemins de fer, qui ne seraient que ferraille inutile sans la population si dense de l'Europe, sans son industrie, son commerce et ses échanges, appartiennent à quelques actionnaires, ignorant peut-être où se trouvent les routes qui leur donnent des revenus supérieurs à ceux d'un roi du moyen âge. Et si les enfants de ceux qui mouraient par milliers en creusant les tranchées et les tunnels se rassemblaient un jour et venaient, foule en guenilles et affamée, réclamer du pain aux actionnaires, ils rencontreraient les baïonnettes et la mitraille pour les disperser et sauvegarder les « droits acquis. »

En vertu de cette organisation monstrueuse, le fils du travailleur, lorsqu'il entre dans la vie, ne trouve ni un champ qu'il puisse cultiver, ni une machine qu'il puisse conduire, ni une mine qu'il ose creuser, sans céder une bonne part de ce qu'il produira à un maître. Il doit vendre sa force de travail pour une pitance maigre et incertaine. Son père et son grand-père ont travaillé à drainer ce champ, à bâtir cette usine, à perfectionner les machines ; ils ont travaillé dans la pleine mesure de leurs forces — et qui donc peut donner plus que cela ? — Mais il est, lui, venu au monde plus pauvre que le dernier des sauvages. S'il obtient la permission de s'appliquer à la culture d'un champ, c'est à condition de céder le quart du produit à son maître et un autre quart au gouvernement et aux intermédiaires. Et cet impôt, prélevé sur lui par l'État, le capitaliste, le seigneur et l'entremetteur, grandira toujours et rarement lui laissera même la faculté d'améliorer ses cultures. S'il s'adonne à l'industrie, on lui permettra de travailler, — pas toujours d'ailleurs — mais à condition de ne recevoir qu'un tiers ou la moitié du produit, le restant devant aller à celui que la loi reconnaît comme le propriétaire de la machine.

Nous crions contre le baron féodal qui ne permettait pas au cultivateur de toucher à la terre, à moins de lui abandonner le quart de sa moisson. Nous appelons cela l'époque barbare. Mais, si les formes ont changé, les relations sont restées les mêmes. Et le travailleur accepte, sous le nom de contrat libre, des obligations féodales ; car nulle part il ne trouverait de meilleures conditions. Le tout étant devenu la propriété d'un maître, il doit céder ou mourir de faim !

Il résulte de cet état des choses que toute notre production se dirige à contre-sens. L'entreprise ne s'émeut guère des besoins de la société : son unique but est d'augmenter les bénéfices de l'entrepreneur. De là, les fluctuations continuelles de l'industrie, les crises à l'état chronique, — chacune d'elles jetant sur le pavé des travailleurs par centaines de mille.

Les ouvriers ne pouvant acheter avec leurs salaires les richesses qu'ils ont produites, l'industrie cherche des marchés au dehors, parmi les accapareurs des autres nations. En Orient, en Afrique, n'importe où, Égypte, Tonkin, Congo, l'Européen, dans ces conditions, doit accroître le nombre de ses serfs. Mais partout il trouve des concurrents, toutes les nations évoluant dans le même sens. Et les guerres, — la guerre en permanence, — doivent éclater pour le droit de primer sur les marchés. Guerres pour les possessions en Orient; guerres pour l'empire des mers; guerres pour imposer des taxes d'entrée et dicter des conditions à ses voisins; guerres contre ceux qui se révoltent! Le bruit du canon ne cesse pas en Europe, des générations entières sont massacrées, les États européens dépensent en armements le tiers de leurs budgets, — et l'on sait ce que sont les impôts et ce qu'ils coûtent au pauvre.

L'éducation reste le privilège des minorités infimes. Car, peut-on parler d'éducation quand l'enfant de l'ouvrier est forcé à treize ans de descendre dans la mine, ou d'aider son père à la ferme! Peut-on parler d'études à l'ouvrier qui rentre le soir, brisé par une journée d'un travail forcé, presque toujours abrutissant! Les sociétés se divisent en deux camps hostiles, et dans ces conditions la liberté devient un vain mot. Tandis que le radical demande une plus grande extension des libertés politiques, il s'aperçoit bientôt que le souffle de liberté mène rapidement au soulèvement des prolétaires; et alors il tourne, change d'opinion et revient aux lois exceptionnelles et au gouvernement du sabre.

Un vaste ensemble de tribunaux, de juges et de

bourreaux, de gendarmes et de geôliers, est nécessaire pour maintenir les privilèges, et cet ensemble devient lui-même l'origine de tout un système de délations, de tromperies, de menaces et de corruption.

En outre, ce système arrête le développement des sentiments sociables. Chacun comprend que sans droiture, sans respect de soi-même, sans sympathie et sans support mutuels, l'espèce doit dépérir, comme dépérissent les quelques espèces animales vivant de brigandage et de servage. Mais cela ne ferait pas le compte des classes dirigeantes, et elles inventent toute une science, absolument fausse pour prouver le contraire.

On a dit de belles choses sur la nécessité de partager ce que l'on possède avec ceux qui n'ont rien. Mais quiconque s'avise de mettre ce principe en pratique est aussitôt averti que tous ces grands sentiments sont bons dans les livres de poésie — non dans la vie. « Mentir, c'est s'avilir, se rabaisser, » disons-nous, et toute l'existence civilisée devient un immense mensonge. Et nous nous habituons, nous accoutumons nos enfants, à vivre avec une moralité à deux faces, en hypocrites ! Et le cerveau ne s'y prêtant pas de bonne grâce, nous le façonnons au sophisme. Hypocrisie et sophisme deviennent la seconde nature de l'homme civilisé.

Mais une société ne peut pas vivre ainsi ; il lui faut revenir à la vérité, ou disparaître.

Ainsi le simple fait de l'accaparement étend ses conséquences sur l'ensemble de la vie sociale. Sous peine de périr, les sociétés humaines sont forcées de revenir aux principes fondamentaux : les moyens de production étant l'œuvre collective de l'humanité, ils font retour à la collectivité humaine. L'appropriation personnelle n'en est ni juste ni utile. Tout est à tous, puisque tous en ont besoin, puisque tous ont travaillé dans la mesure de leurs forces et qu'il est matériellement impossible de déterminer la part qui pourrait appartenir à chacun dans la production actuelle des richesses.

Tout est à tous ! Voici un immense outillage que le dix-neuvième siècle a créé ; voici des millions d'esclaves en fer que nous appelons machines et qui rabotent et scient, tissent et filent pour nous, qui décomposent et recomposent la matière première, et font les merveilles de notre époque. Personne n'a le droit de s'emparer d'une seule de ces machines et de dire : « Elle est à moi ; pour en user vous me paierez un tribut sur chacun de vos produits » ; — pas plus que le seigneur du moyen-âge n'avait le droit de dire au cultivateur : « Cette colline, ce pré sont à moi et vous me paierez un tribut sur chaque gerbe de blé que vous récolterez, sur chaque meule de foin que vous entasserez. »

Tout est à tous ! Et pourvu que l'homme et la femme apportent leur quote-part de travail, ils ont droit à leur quote-part de tout ce qui sera produit par tout le monde. Et cette part leur donnera déjà l'aisance.

Assez de ces formules ambiguës telles que le « droit au travail », ou « à chacun le produit intégral de son travail. » Ce que nous proclamons, c'est LE DROIT A L'AISANCE — L'AISANCE POUR TOUS.

L'AISANCE POUR TOUS

I

L'aisance pour tous n'est pas un rêve. Elle est possible, réalisable, depuis ce que nos ancêtres ont fait pour féconder notre force de travail.

Nous savons, en effet, que les producteurs, qui composent à peine le tiers des habitants dans les pays civilisés, produisent déjà suffisamment pour amener un certain bien-être au foyer de chaque famille. Nous savons en outre que si tous ceux qui gaspillent aujourd'hui les fruits du travail d'autrui étaient forcés d'occuper leurs loisirs à des travaux utiles, notre richesse grandirait en proportion multiple du nombre des bras producteurs. Et nous savons enfin que contrairement à la théorie du pontife de la science bourgeoise, — Malthus, — l'homme accroît sa force de production bien plus rapidement qu'il ne se multiplie lui-même. Plus les hommes sont serrés sur un territoire, plus rapide est le progrès de leurs forces productrices.

En effet, tandis que la population de l'Angleterre n'a augmenté depuis 1844 que de 62 p. 100, sa force de production a grandi, au bas mot, dans une proportion double, — soit de 130 p. 100. En France, où la population a moins augmenté, l'accroissement est cependant très rapide. Malgré la crise où se débat l'agriculture, malgré l'ingérence de l'État, l'impôt du sang, la banque, la finance et l'industrie, la production du froment a quadruplé, et la production industrielle a plus que décuplé dans le courant des quatre-vingts dernières années. Aux États-Unis, le progrès est encore plus frappant : malgré l'immigration, ou plutôt précisément à cause de ce surplus de travailleurs d'Europe, les États-Unis ont décuplé leur production.

Mais ces chiffres ne donnent qu'une idée bien faible de ce que notre production pourrait être dans de meilleures conditions. Aujourd'hui, à mesure que se développe la capacité de produire, le nombre des oisifs et des intermédiaires augmente dans une proportion effroyable. Tout au rebours de ce qui se disait autrefois entre socialistes, que le Capital arriverait bientôt à se concentrer en un si petit nombre de mains qu'il n'y aurait qu'à exproprier quelques millionnaires pour rentrer en possession des richesses communes, le nombre de ceux qui vivent aux dépens du travail d'autrui est toujours plus considérable.

En France, il n'y a pas dix producteurs directs sur trente habitants. Toute la richesse agricole du pays est l'œuvre de moins de 7 millions d'hommes, et dans les deux grandes industries, — des mines et des tissus, — on compte moins de 2 millions et demi d'ouvriers. — A combien se chiffrent les exploiteurs du travail ? En Angleterre (sans l'Ecosse et l'Irlande), 1,030,000 ouvriers, hommes, femmes et enfants, fabriquent tous les tissus ; un peu plus d'un demi-million exploitent les mines ; moins d'un demi-million travaillent la terre, et les statisticiens doivent exagérer les chiffres pour établir un maximum de 8 millions de producteurs sur 26 millions d'habitants. En réalité, 6 à 7 millions de travailleurs au plus sont les créateurs des richesses envoyées aux quatre coins du globe. Et combien sont les rentiers ou les intermédiaires qui ajoutent les revenus prélevés sur l'univers entier à ceux qu'ils s'octroient en faisant payer au consommateur de cinq à vingt fois plus que ce qui est payé au producteur ?

Ce n'est pas tout. Ceux qui détiennent le capital réduisent constamment la production en empêchant de produire. Ne parlons pas de ces tonneaux d'huîtres jetés à la mer pour empêcher que l'huître devienne une nourriture de la plèbe et cesse d'être la friandise de la gent aisée; ne parlons pas des mille et mille objets de luxe — étoffes, nourriture, etc., etc., — traités de la même façon que les huîtres. Rappelons seulement la manière dont on limite la production des choses nécessaires à tout le monde. Des armées de mineurs ne demandent pas mieux que d'extraire chaque jour le charbon et de l'envoyer à ceux qui grelottent de froid. Mais très souvent un bon tiers de ces armées, deux tiers, sont empêchés de travailler plus de trois jours par semaine, les hauts prix devant être maintenus. Des milliers de tisserands ne peuvent battre les métiers, tandis que leurs femmes et leurs enfants n'ont que des loques pour se couvrir, et que les trois quarts des Européens n'ont pas un vêtement digne de ce nom.

Des centaines de hauts-fourneaux, des milliers de manufactures restent constamment inactifs, d'autres ne travaillent que la moitié du temps ; et dans chaque nation civilisée il y a en permanence une population d'environ deux millions d'individus qui ne demandent que du travail, mais auxquels ce travail est refusé.

Des millions d'hommes seraient heureux de transformer les espaces incultes ou mal cultivés en champs couverts de riches moissons. Un an de travail intelligent leur suffirait pour quintupler le produit de terres qui ne donnent aujourd'hui que 8 hectolitres de blé à l'hectare. Mais ces hardis pionniers doivent chômer parce que ceux qui possèdent la terre, la mine, la manufacture, préfèrent engager leurs capitaux — les capitaux volés à la communauté — en emprunts turcs ou égyptiens, ou en bons de mines d'or de Patagonie, qui feront travailler pour eux les fellahs égyptiens, les Italiens chassés de leur sol natal, les coulies chinois !

C'est la limitation consciente et directe de la production ; mais il y a aussi la limitation indirecte et inconsciente qui consiste à dépenser le travail humain en objets absolument inutiles ou destinés uniquement à satisfaire la sotte vanité des riches.

On ne saurait même évaluer en chiffres jusqu'à quel point la productivité est réduite indirectement, par le gaspillage des forces qui pourraient servir à produire, et surtout à préparer l'outillage nécessaire à cette production. Il suffit de citer les milliards dépensés par l'Europe en armements, sans autre but que la conquête des marchés pour imposer la loi économique aux voisins et faciliter l'exploitation à l'intérieur; les millions payés chaque année aux fonctionnaires de tout acabit dont la mission est de maintenir le droit des minorités à gouverner la vie économique de la nation; les millions dépensés pour les juges, les prisons, les gendarmes et tout l'attirail de ce que l'on nomme justice, tandis qu'il suffit, on le sait, d'alléger tant soit peu la misère des grandes villes, pour que la criminalité diminue dans des proportions considérables; les millions, enfin, employés pour propager par le moyen de la presse des idées nuisibles, des nouvelles faussées dans l'intérêt de tel parti, de tel personnage politique, ou de telle compagnie d'exploiteurs.

Mais ce n'est pas encore tout. Car il se dépense encore plus de travail en pure perte: ici pour maintenir l'écurie, le chenil et la valetaille du riche, là pour répondre aux caprices des mondaines et au luxe dépravé de la haute pègre; ailleurs pour forcer le consommateur à acheter ce dont il n'a pas besoin, ou lui imposer par la réclame un article de mauvaise qualité; ailleurs encore, pour produire des denrées absolument nuisibles, mais profitables à l'entrepreneur. Ce qui est gaspillé de cette façon suffirait pour doubler la production utile, ou pour outiller des manufactures et des usines qui bientôt inonderaient les magasins de tous les approvisionnements dont manquent les deux tiers de la nation.

Il en résulte que de ceux mêmes qui s'appliquent dans chaque nation aux travaux productifs, un bon quart est régulièrement forcé de chômer pendant trois à quatre mois chaque année, et le labeur du troisième quart, si ce n'est de la moitié, ne peut avoir d'autres résultats que l'amusement des riches ou l'exploitation du public.

Donc, si l'on prend en considération, d'une part la rapidité avec laquelle les nations civilisées augmentent leur force de production, et d'autre part les limites tracées à cette production, soit directement, soit indirectement par les conditions actuelles, on doit en conclure qu'une organisation économique tant soit peu raisonnable permettrait aux nations civilisées d'entasser en peu d'années tant de produits utiles qu'elles seraient forcées de s'écrier : « Assez ! assez de charbon ! assez de pain ! assez de vêtements ! Reposons-nous, recueillons-nous pour mieux utiliser nos forces, pour mieux employer nos loisirs ! »

Non, l'aisance pour tous n'est plus un rêve. Elle pouvait l'être alors que l'homme parvenait, avec une peine immense, à recueillir huit ou dix hectolitres de blé sur l'hectare, ou à façonner de sa main l'outillage mécanique nécessaire à l'agriculture et à l'industrie. Elle n'est plus un rêve depuis que l'homme a inventé le moteur qui, avec un peu de fer et quelques kilos de charbon, lui donne la force d'un cheval docile, maniable, capable de mettre en mouvement la machine la plus compliquée.

Mais pour que l'aisance devienne une réalité, il faut que cet immense capital — cités, maisons, champs labourés, usines, voies de communication, éducation, — cesse d'être considéré comme une propriété privée dont l'accapareur dispose à sa guise.

Il faut que ce riche outillage de production, péniblement obtenu, bâti, façonné, inventé par nos ancêtres, devienne propriété commune, afin que l'esprit collectif en tire le plus grand avantage pour tous.

Il faut l'EXPROPRIATION. L'aisance pour tous comme but, l'expropriation comme moyen.

II

L'expropriation, tel est donc le problème que l'histoire a posé devant nous, hommes de la fin du dix-neuvième siècle. Retour à la communauté de tout ce qui lui servira pour se donner le bien-être.

Mais ce problème ne saurait être résolu par la voie de la législation. Personne n'y songe. Le pauvre, comme le riche, comprennent que ni les gouvernements actuels, ni ceux qui pourraient surgir d'une révolution politique, ne seraient capables d'en trouver la solution. On sent la nécessité d'une révolution sociale, et les riches comme les pauvres ne se dissimulent pas que cette révolution est proche, qu'elle peut éclater du jour au lendemain.

L'évolution s'est accomplie dans les esprits durant le cours de ce dernier demi-siècle : mais comprimée par la minorité, c'est-à-dire par les classes possédantes, et n'ayant pu prendre corps, il faut qu'elle écarte les obstacles par la force et qu'elle se réalise violemment par la Révolution.

D'où viendra la Révolution ? Comment s'annoncera-t-elle ? personne ne peut répondre à ces questions. C'est l'inconnu. Mais ceux qui observent et réfléchissent ne s'y trompent pas : travailleurs et exploiteurs, révolutionnaires et conservateurs, penseurs et gens pratiques, tous sentent qu'elle est à nos portes.

Eh bien ! qu'est-ce que nous ferons lorsque la révolution aura éclaté ?

Tous, nous avons tant étudié le côté dramatique des révolutions, et si peu leur œuvre vraiment révolutionnaire, que beaucoup d'entre nous ne voient dans ces grands mouvements que la mise en scène, la lutte des premiers jours, les barricades. Mais cette lutte, cette première escarmouche, est bientôt terminée, et c'est seulement après la défaite des anciens gouvernements que commence l'œuvre réelle de la révolution.

Incapables et impuissants, attaqués de tous les côtés, ils sont vite emportés par le souffle de l'insurrection. En quelques jours la monarchie bourgeoise de 1848 n'était plus ; et lorsqu'un fiacre emmenait Louis-Philippe hors de France, Paris ne se souciait déjà plus de l'ex-roi. En quelques heures le gouvernement de Thiers disparaissait, le 18 mars 1871, et laissait Paris maître de ses destinées. Et pourtant 1848 et 1871 n'étaient que des insurrections. Devant une révolution populaire, les gouvernants s'éclipsent avec une rapidité surprenante. Ils commencent par fuir, sauf à conspirer ailleurs, essayant de se ménager un retour possible.

L'ancien gouvernement disparu, l'armée, hésitant devant le flot du soulèvement populaire, n'obéit plus à ses chefs ; ceux-ci d'ailleurs ont aussi déguerpi prudemment. Les bras croisés, la troupe laisse faire, ou, la crosse en l'air, elle se joint aux insurgés. La police, les bras ballants, ne sait plus s'il faut taper, ou crier : « Vive la Commune ! », et les sergents de ville rentrent chez eux, « en attendant le nouveau gouvernement. » Les gros bourgeois font leurs malles et filent en lieu sûr. Le peuple reste. — Voilà comment s'annonce une révolution.

Dans plusieurs grandes villes, la Commune est proclamée. Des milliers d'hommes sont dans les rues et accourent le soir dans les clubs improvisés en se demandant : « Que faire ? », discutant avec ardeur les affaires publiques. Tout le monde s'y intéresse ; les indifférents de la veille sont, peut-être, les plus zélés. Partout beaucoup de bonne volonté, un vif désir d'assurer la victoire. Les grands dévouements se produisent. Le peuple ne demande pas mieux que de marcher de l'avant.

Tout cela c'est beau, c'est sublime. Mais ce n'est pas encore la révolution. Au contraire, c'est maintenant que va commencer la besogne du révolutionnaire.

Certainement, il y aura des vengeances assouvies. Des Watrin et des Thomas paieront leur impopularité. Mais ce ne sera qu'un accident de lutte et non pas la révolution.

Les socialistes gouvernementaux, les radicaux, les génies méconnus du journalisme, les orateurs à effet, — bourgeois et ex-travailleurs, — courront à l'Hôtel de Ville, aux ministères, prendre possession des fauteuils délaissés. Les uns se donneront du galon à cœur-joie. Ils s'admireront dans les glaces ministérielles et s'étudieront à donner des ordres avec un air de gravité à la hauteur de leur nouvelle position : il leur faut une ceinture rouge, un képi chamarré et un geste magistral pour imposer à l'ex-camarade de rédaction ou d'atelier ! Les autres s'enfouiront dans les paperasses, avec la meilleure bonne volonté d'y comprendre quelque chose. Ils rédigeront des lois, ils lanceront des décrets aux phrases sonores, que personne n'aura souci d'exécuter, — précisément parce qu'on est en révolution.

Pour se donner une autorité qu'ils n'ont pas, ils chercheront la sanction des anciennes formes de gouvernement. Ils prendront les noms de Gouvernement Provisoire, de Comité de Salut Public, de Maire, de Commandant de l'Hôtel de Ville, de Chef de la Sûreté — qu'en sais-je ! Élus ou acclamés, ils se rassembleront en parlements ou en Conseils de la Commune. Là, se rencontreront des hommes appartenant à dix, vingt écoles différentes qui ne sont pas des chapelles personnelles, comme on le dit souvent, mais qui répondent à des manières particulières de concevoir l'étendue, la portée, le devoir de la Révolution. Possibilistes, collectivistes, radicaux, jacobins, blanquistes, forcément réunis, perdant leur temps à discuter. Les honnêtes gens se confondant avec les ambitieux qui ne rêvent que domination et méprisent la foule dont ils sont sortis. Tous, arrivant avec des idées diamétralement opposées, forcés de conclure des alliances fictives pour constituer des majorités qui ne dureront qu'un jour ; se disputant, se traitant les uns les autres de réactionnaires, d'autoritaires, de coquins ; incapables de s'entendre sur aucune mesure sérieuse et entraînés à discutailler sur des bêtises ; ne parvenant à mettre au jour que des proclamations ronflantes ; tous se prenant au sérieux, tandis que la vraie force du mouvement sera dans la rue.

Tout cela peut amuser ceux qui aiment le théâtre. Mais encore, ce n'est pas la révolution ; il n'y a rien de fait !

Pendant ce temps-là le peuple souffre. Les usines chôment, les ateliers sont fermés ; le commerce ne va pas. Le travailleur ne touche même plus le salaire minime qu'il avait auparavant ; le prix des denrées monte !

Avec ce dévouement héroïque qui a toujours caractérisé le peuple et qui va au sublime lors des grandes époques, il patiente. C'est lui qui s'écriait en 1848 : « Nous mettons trois mois de misère au service de la République » pendant que les « représentants » et les messieurs du nouveau gouvernement, jusqu'au dernier argousin, touchaient régulièrement leur paie ! Le peuple souffre. Avec sa confiance enfantine, avec la bonhomie de la masse qui croit en ses meneurs, il attend que là-haut, à la Chambre, à l'Hôtel de Ville, au Comité de Salut Public — on s'occupe de lui.

Mais là-haut on pense à toute sorte de choses, excepté aux souffrances de la foule. Lorsque la famine ronge la France en 1793 et compromet la révolution ; lorsque le peuple est réduit à la dernière misère, tandis que les Champs-Elysées sont sillonnés de phaétons superbes où des femmes étalent leurs parures luxueuses, Robespierre insiste aux Jacobins pour faire discuter son mémoire sur la Constitution anglaise ! Lorsque le travailleur souffre en 1848 de l'arrêt général de l'industrie, le Gouvernement provisoire et la Chambre disputaillent sur les pensions militaires et le travail des prisons, sans se demander de quoi vit le peuple pendant cette époque de crise. Et si l'on doit adresser un reproche à la Commune de Paris, née sous les canons des Prussiens et ne durant que soixante-dix jours, c'est encore de ne pas avoir compris que la révolution communale ne pouvait triompher sans combattants bien nourris, et qu'avec trente sous par jour, on ne saurait à la fois se battre sur les remparts et entretenir sa famille.

Le peuple souffre, et demande : « Que faire pour sortir de l'impasse ? »

III

Eh bien ! il nous semble qu'il n'y a qu'une réponse à cette question :

— Reconnaître, et hautement proclamer que chacun, quelle que fût son étiquette dans le passé, quelles que soient sa force ou sa faiblesse, ses aptitudes ou son incapacité, possède, avant tout, *le droit de vivre ;* et que la société se doit de partager entre tous sans exception les moyens d'existence dont elle dispose. Le reconnaître, le proclamer, et agir en conséquence !

Faire en sorte que, dès le premier jour de la Révolution, le travailleur sache qu'une ère nouvelle s'ouvre devant lui : que désormais personne ne sera forcé de coucher sous les ponts, à côté des palais ; de rester à jeun tant qu'il y aura de la nourriture ; de grelotter de froid auprès des magasins de fourrures. Que tout soit à tous, en réalité comme en principe, et qu'enfin dans l'histoire il se produise une révolution qui songe aux *besoins* du peuple avant de lui faire la leçon sur ses *devoirs*.

Ceci ne pourra s'accomplir par décrets, mais uniquement par la prise de possession immédiate, effective, de tout ce qui est nécessaire pour assurer la vie de tous : telle est la seule manière vraiment scientifique de procéder, la seule qui soit comprise et désirée par la masse du peuple.

Prendre possession, au nom du peuple révolté, des dépôts de blé, des magasins qui regorgent de vêtements, des maisons habitables. Ne rien gaspiller, s'organiser tout de suite pour remplir les vides, faire face à toutes les nécessités, satisfaire tous les besoins, produire, non plus pour donner des bénéfices à qui que ce soit, mais pour faire vivre et se développer la société.

Assez de ces formules ambiguës, telles que le « droit au travail », avec laquelle on a leurré le peuple en 1848, et cherche encore à le leurrer. Ayons le courage de reconnaître que l'aisance, désormais possible, doit se réaliser à tout prix.

Quand les travailleurs réclamaient en 1848 le droit au travail, on organisait des ateliers nationaux ou municipaux, et on envoyait les hommes peiner dans ces ateliers à raison de quarante sous par jour ! Quand ils demandaient l'organisation du travail, on leur répondait : « Patientez, mes amis, le gouvernement va s'en occuper, et pour aujourd'hui voici quarante sous. Reposez-vous, rude travailleur, qui avez peiné toute votre vie ! » Et, en attendant on pointait les canons. On levait le ban et l'arrière-ban de la troupe ; on désorganisait les travailleurs eux-mêmes par mille moyens que les bourgeois connaissent à merveille. Et un beau jour, on leur disait : « Partez pour coloniser l'Afrique, ou bien nous allons vous mitrailler ! »

Tout autre sera le résultat si les travailleurs revendiquent le *droit à l'aisance !* Ils proclament par cela même leur droit de s'emparer de toute la richesse sociale ; de prendre les maisons et de s'y installer, selon les besoins de chaque famille ; de saisir les vivres accumulés et d'en user de manière à connaître l'aisance après n'avoir que trop connu la faim. Ils proclament leur droit à toutes les richesses — fruit du labeur des générations passées et présentes, et ils en usent de manière à connaître ce que sont les hautes jouissances de l'art et de la science, trop longtemps accaparées par les bourgeois.

Et en affirmant leur droit à l'aisance, ils déclarent, ce qui est encore plus important, leur droit de décider eux-mêmes ce que doit être cette aisance, — ce qu'il faut produire pour l'assurer et ce qu'il faut abandonner comme sans valeur désormais.

Le droit à l'aisance c'est la possibilité de vivre comme des êtres humains et d'élever les enfants pour en faire des membres égaux d'une société supérieure à la nôtre, tandis que le « droit au travail » est le droit de rester toujours l'esclave salarié, l'homme de peine, gouverné et exploité par les bourgeois de demain. Le droit à l'aisance c'est la révolution sociale ; le droit au travail est tout au plus un bagne industriel.

Il est grand temps que le travailleur proclame son droit à l'héritage commun et qu'il en prenne possession.

LE COMMUNISME ANARCHISTE

I

Toute société qui aura rompu avec la propriété privée sera forcée, selon nous, de s'organiser, en communisme anarchiste. L'anarchie mène au communisme, et le communisme à l'anarchie, l'un et l'autre n'étant que l'expression de la tendance prédominante des sociétés modernes, la recherche de l'égalité.

Il fut un temps où une famille de paysans pouvait considérer le blé qu'elle faisait pousser et les habits de laine tissés dans la chaumière comme des produits de son propre travail. Même alors, cette manière de voir n'était pas tout à fait correcte. Il y avait des routes et des ponts faits en commun, des marais asséchés par un travail collectif et des pâturages communaux enclos de haies que tous entretenaient. Une amélioration dans les métiers à tisser, ou dans les modes de teinture des tissus, profitait à tous ; à cette époque, une famille de paysans ne pouvait vivre qu'à condition de trouver appui, en mille occasions, dans le village, la commune.

Mais aujourd'hui, dans cet état de l'industrie où tout s'entrelace et se tient, où chaque branche de la production se sert de toutes les autres, la prétention de donner une origine individualiste aux produits est absolument insoutenable. Si les industries textiles ou la métallurgie ont atteint une étonnante perfection dans les pays civilisés, elles le doivent au développement simultané de mille autres industries, grandes et petites ; elles le doivent à l'extension du réseau ferré, à la navigation transatlantique, à l'adresse de millions de travailleurs, à un certain degré de culture générale de toute la classe ouvrière, à des travaux, enfin, exécutés de l'un à l'autre bout du monde.

Les Italiens qui mouraient du choléra en creusant le canal de Suez, ou d'ankylosite dans le tunnel du Gothard, et les Américains que les obus fauchaient dans la guerre pour l'abolition de l'esclavage, ont contribué au développement de l'industrie cotonnière en France et en Angleterre, non moins que les jeunes filles qui s'étiolent dans les manufactures de Manchester ou de Rouen, ou que l'ingénieur qui aura fait (d'après la suggestion de tel travailleur) quelque amélioration dans un métier de tissage.

Comment vouloir estimer la part qui revient à chacun, des richesses que nous contribuons tous à accumuler ?

En nous plaçant à ce point de vue général, synthétique, de la production, nous ne pouvons pas admettre avec les collectivistes, qu'une rémunération proportionnelle aux heures de travail fournies par chacun à la production des richesses puisse être un idéal, ou même un pas en avant vers cet idéal. Sans discuter ici si réellement la valeur d'échange des marchandises est mesurée dans la société actuelle par la quantité de travail nécessaire pour les produire (ainsi que l'ont affirmé Smith et Ricardo, dont Marx a repris la tradition), il nous suffira de dire, quitte à y revenir plus tard, que l'idéal collectiviste nous paraît irréalisable dans une société qui considérerait les instruments de production comme un patrimoine commun. Basée sur ce principe, elle se verrait forcée d'abandonner sur-le-champ toute forme de salariat.

Nous sommes persuadés que l'individualisme mitigé du système collectiviste ne pourrait exister à côté du communisme partiel de la possession par tous du sol et des instruments de travail. Une nouvelle forme de possession demande une nouvelle forme de rétribution. Une nouvelle forme de production ne pourrait maintenir l'ancienne forme de consommation, comme elle ne pourrait s'accommoder aux anciennes formes d'organisation politique.

Le salariat est né de l'appropriation personnelle du sol et des instruments de production par quelques-uns. C'était la condition nécessaire pour le développement de la production capitaliste: il mourra avec elle, lors même que l'on chercherait à le déguiser sous forme de « bons de travail ». La possession commune des instruments de travail amènera nécessairement la jouissance en commun des fruits du labeur commun.

Nous maintenons, en outre, que le communisme est non seulement désirable, mais que les sociétés actuelles, fondées sur l'individualisme, sont même *forcées continuellement de marcher vers le communisme.*

Le développement de l'individualisme pendant les trois derniers siècles s'explique surtout par les efforts de l'homme voulant se prémunir contre les pouvoirs du capital et de l'État. Il a cru un moment et ceux qui formulaient pour lui sa pensée ont prêché qu'il pouvait s'affranchir entièrement de l'Etat et de la société. « Moyennant l'argent, disait-il, je peux acheter tout ce dont j'aurai besoin. » Mais l'individu a fait fausse route, et l'histoire moderne le ramène à reconnaître que sans le concours de tous, il ne peut rien, même avec ses coffres-forts remplis d'or.

En effet, à côté de ce courant individualiste, nous voyons dans toute l'histoire moderne la tendance d'une part, à retenir, ce qui reste du communisme partiel de l'antiquité, et d'autre part, à rétablir le principe communiste dans mille et mille manifestations de la vie.

Dès que les communes des dixième, onzième et douzième siècles eurent réussi à s'émanciper du seigneur laïque ou religieux, elles donnèrent immédiatement une grande extension au travail en commun, à la consommation en commun.

La cité — non pas les particuliers, — affrétait des navires et expédiait ses caravanes pour le commerce lointain dont le benéfice revenait à tous, non aux individus ; elle achetait aussi les provisions pour ses habitants. Les traces de ces institutions se sont maintenues jusqu'au dix-neuvième siècle, et les peuples en conservent pieusement le souvenir dans leurs légendes.

Tout cela a disparu. Mais la commune rurale lutte encore pour maintenir les derniers vestiges de ce communisme, et elle y réussit, tant que l'État ne vient pas jeter son glaive pesant dans la balance.

En même temps, de nouvelles organisations basées sur le même principe : *à chacun selon ses besoins*, surgissent sous mille aspects divers ; car, sans une certaine dose de communisme les sociétés actuelles ne sauraient vivre. Malgré le tour étroitement égoïste donné aux esprits par la production marchande, la tendance communiste se révèle à chaque instant et pénètre dans nos relations sous toutes les formes.

Le pont, dont le passage était payé autrefois par les passants, est devenu monument public. La route pavée, que l'on payait jadis à tant la lieue, n'existe plus qu'en Orient. Les musées, les bibliothèques libres, les écoles gratuites, les repas communs des enfants ; les parcs et les jardins ouverts à tous ; les rues pavées et éclairées, libres à tout le monde ; l'eau envoyée à domicile avec tendance générale à ne pas tenir compte de la quantité consommée, — autant d'institutions fondées sur le principe : « Prenez ce qu'il vous faut. »

Les tramways et les voies ferrées introduisent déjà le billet d'abonnement mensuel ou annuel, sans tenir compte du nombre des voyages ; et récemment, toute une nation, la Hongrie, a introduit sur son réseau de chemins de fer le billet par zones, qui permet de parcourir cinq cents ou mille kilomètres pour le même prix. Il n'y a pas loin de là au prix uniforme, comme celui du service postal. Dans toutes ces innovations et mille autres, la tendance est de ne pas mesurer la consommation. Un tel veut parcourir mille lieues et tel autre cinq cents seulement. Ce sont là des besoins personnels, et il n'y a aucune raison de faire payer l'un deux fois plus que l'autre parce qu'il est deux fois plus intense. Voilà les phénomènes qui se montrent jusque dans nos sociétés individualistes.

La tendance, si faible soit-elle encore, est en outre de placer les besoins de l'individu au-dessus de l'évaluation des services qu'il a rendus, ou qu'il rendra un jour à la société. On arrive à considérer la société comme un tout, dont chaque partie est si intimement liée aux autres, que le service rendu à tel individu est un service rendu à tous.

Quand vous allez dans une bibliothèque publique, — pas la Bibliothèque nationale de Paris, par exemple, mais disons celle de Londres ou de Berlin — le bibliothécaire ne vous demande pas quels services vous avez rendus à la société pour vous donner le bouquin, ou les cinquante bouquins que vous lui réclamez, et il vous aide au besoin si vous ne savez pas les trouver dans le catalogue. Moyennant un droit d'entrée uniforme — et très souvent c'est une contribution en travail que l'on préfère — la société scientifique ouvre ses musées, ses jardins, sa bibliothèque, ses laboratoires, ses fêtes annuelles, à chacun de ses membres, qu'il soit un Darwin ou un simple amateur.

A Pétersbourg, si vous poursuivez une invention, vous allez dans un atelier spécial où l'on vous donne une place, un établi de menuisier, un tour de mécanicien, tous les outils nécessaires, tous les instruments de précision, pourvu que vous sachiez les manier; — et on vous laisse travailler tant que cela vous plaira. Voilà les outils, intéressez des amis à votre idée, associez-vous à d'autres camarades de divers métiers si vous ne préférez travailler seul, inventez la machine d'aviation, ou n'inventez rien — c'est votre affaire. Une idée vous entraîne, — cela suffit.

De même, les marins d'un bateau de sauvetage ne demandent pas leurs titres aux matelots d'un navire qui sombre; ils lancent l'embarcation, risquent leur vie dans les lames furibondes, et périssent quelquefois, pour sauver des hommes qu'ils ne connaissent même pas. Et pourquoi les connaîtraient-ils? « On a besoin de nos services; il y a là des êtres humains — cela suffit, leur droit est établi. — Sauvons-les! »

Voilà la tendance, éminemment communiste, qui se fait jour partout, sous tous les aspects possibles, au sein même de nos sociétés qui prêchent l'individualisme.

Et que demain, une de nos grandes cités, si égoïstes en temps ordinaire, soit visitée par une calamité quelconque — celle d'un siège, par exemple — cette même cité décidera que les premiers besoins à satisfaire sont ceux des enfants et des vieillards; sans s'informer des services qu'ils ont rendus ou rendront à la société, il faut d'abord les nourrir, prendre soin des combattants, indépendamment de la bravoure ou de l'intelligence dont chacun d'eux aura fait preuve, et, par milliers, femmes et hommes rivaliseront d'abnégation pour soigner les blessés.

La tendance existe. Elle s'accentue dès que les besoins les plus impérieux de chacun sont satisfaits, à mesure que la force productrice de l'humanité augmente; elle s'accentue encore plus chaque fois qu'une grande idée vient prendre la place des préoccupations mesquines de notre vie quotidienne.

Comment donc douter que, le jour où les instruments de production seraient remis à tous, où l'on ferait la besogne en commun, et le travail, recouvrant cette fois la place d'honneur dans la société, produirait bien plus qu'il ne faut pour tous — comment douter qu'alors, cette tendance (déjà si puissante) n'élargisse sa sphère d'action jusqu'à devenir le principe même de la vie sociale?

D'après ces indices, et réfléchissant, en outre, au côté pratique de l'expropriation dont nous llons parler dans les chapitres suivants, nous sommes d'avis que notre première obligation, quand la révolution aura brisé la force qui maintient le système actuel, sera de réaliser immédiatement le communisme.

Mais notre communisme n'est ni celui des phalanstériens, ni celui des théoriciens autoritaires allemands. C'est le communisme anarchiste, le communisme sans gouvernement,— celui des hommes libres. C'est la synthèse des deux buts poursuivis par l'humanité à travers les âges : la liberté économique et la liberté politique.

II

En prenant « l'anarchie », pour idéal d'organisation politique, nous ne faisons encore que formuler une autre tendance prononcée de l'humanité. Chaque fois que la marche du développement des sociétés européennes l'a permis, elles secouaient le joug de l'autorité et ébauchaient un système basé sur les principes de la liberté individuelle. Et nous voyons dans l'histoire que les périodes durant lesquelles les gouvernement furent ébranlés, à la suite de révoltes partielles ou générales, ont été des époques de progrès soudain sur le terrain économique et intellectuel.

Tantôt c'est l'affranchissement des communes, dont les monuments — fruit du travail libre d'associations libres — n'ont jamais été surpassés depuis ; tantôt c'est le soulèvement des paysans qui fit la Réforme et mit en péril la Papauté ; tantôt c'est la société, libre un moment, que créèrent de l'autre côté de l'Atlantique les mécontents venus de la vieille Europe.

Et si nous observons le développement présent des nations civilisées, nous y voyons, à ne pas s'y méprendre, un mouvement de plus en plus accusé pour limiter la sphère d'action du gouvernement et laisser toujours plus de liberté à l'individu. C'est l'évolution actuelle, gênée, il est vrai, par le fatras d'institutions et de préjugés hérités du passé ; comme toutes les évolutions, elle n'attend que la révolution pour renverser les vieilles masures qui lui font obstacle, pour prendre un libre essor dans la société régénérée.

Après avoir tenté longtemps vainement de résoudre ce problème insoluble : celui de se donner un gouvernement, « qui puisse contraindre l'individu à l'obéissance, sans toutefois cesser d'obéir lui-même à la société », l'humanité s'essaye à se délivrer de toute espèce de gouvernement et à satisfaire ses besoins d'organisation par la libre entente entre individus et groupes poursuivant le même but. L'indépendance de chaque minime unité territoriale devient un besoin pressant; le commun accord remplace la loi, et, par dessus les frontières, règle les intérêts particuliers en vue d'un but général.

Tout ce qui fut jadis considéré comme fonction du gouvernement lui est disputé aujourd'hui : on s'arrange plus facilement et mieux sans son intervention. En étudiant les progrès faits dans cette direction, nous sommes amenés à conclure que l'humanité tend à réduire à zéro l'action des gouvernements, c'est-à-dire à abolir l'Etat, cette personnification de l'injustice, de l'oppression et du monopole.

Nous pouvons déjà entrevoir un monde où l'individu, cessant d'être lié par des lois, n'aura que des habitudes sociables — résultat du besoin éprouvé par chacun d'entre nous, de chercher l'appui, la coopération, la sympathie de ses voisins.

Certainement, l'idée d'une société sans Etat suscitera, pour le moins, autant d'objections que l'économie politique d'une société sans capital privé. Tous, nous avons été nourris de préjugés sur les fonctions providentielles de l'Etat. Toute notre éducation, depuis l'enseignement des traditions romaines jusqu'au code de Byzance que l'on étudie sous le nom de droit romain, et les sciences diverses professées dans les universités, nous habituent à croire au gouvernement et aux vertus de L'Etat-Providence.

Des systèmes de philosophie ont été élaborés et enseignés pour maintenir ce préjugé. Des théories de la loi sont rédigées dans le même but. Toute la politique est basée sur ce principe; et chaque politicien, quelle que soit sa nuance, vient toujours dire au peuple :

« Donnez-moi le pouvoir, je veux, je peux vous affranchir des misères qui pèsent sur vous ! »

Du berceau au tombeau tous nos agissements sont dirigés par ce principe. Ouvrez n'importe quel livre de sociologie, de jurisprudence, vous y trouverez toujours le gouvernement, son organisation, ses actes, prenant une place si grande que nous nous habituons à croire qu'il n'y a rien en dehors du gouvernement et des hommes d'Etat.

La même leçon est répétée sur tous les tons par la presse. Des colonnes entières sont consacrées aux débats des parlements, aux intrigues des politiciens; c'est à peine si la vie quotidienne, immense, d'une nation s'y fait jour dans quelques lignes traitant un sujet économique, à propos d'une loi, ou, dans les faits divers, par l'intermédiaire de la police. Et quand vous lisez ces journaux, vous ne pensez guère au nombre incalculable d'êtres — toute l'humanité, pour ainsi dire — qui grandissent et qui meurent, qui connaissent les douleurs, qui travaillent et consomment, pensent et créent, par delà ces quelques personnages encombrants que l'on a magnifiés jusqu'à leur faire cacher l'humanité, de leurs ombres, grossies par notre ignorance.

Et cependant, dès qu'on passe de la matière imprimée à la vie même, dès qu'on jette un coup d'œil sur la société, on est frappé de la part infinitésimale qu'y joue le gouvernement. Balzac avait déjà remarqué combien de millions de paysans restent leur vie entière sans rien connaître de l'Etat, sauf les lourds impôts qu'ils sont forcés de lui payer. Chaque jour des millions de transactions sont faites sans l'intervention du gouvernement, et les plus grosses d'entre elles — celles du commerce et de la Bourse — sont traitées de telle façon que le gouvernement ne pourrait même pas être invoqué si l'une des parties contractantes avait l'intention de ne pas tenir son engagement. Parlez à un homme qui connaît le commerce, et il vous dira que les échanges opérés chaque jour entre les commerçants seraient d'une impossibilité absolue s'ils n'étaient basés sur la confiance mutuelle. L'habitude de tenir parole, le désir de ne pas perdre son crédit suffisent amplement pour maintenir cette honnêteté relative, — l'honnêteté commerciale. Celui-là même qui n'éprouve pas le moindre remords à empoisonner sa clientèle par des drogues infectes, couvertes d'étiquettes pompeuses, tient à honneur de garder ses engagements. Or, si cette moralité relative a pu se développer jusque dans les conditions actuelles, alors que l'enrichissement est le seul mobile et le seul objectif, — pouvons-nous douter qu'elle ne progresse rapidement dès que l'appropriation des fruits du labeur d'autrui ne sera plus la base même de la société ?

Un autre trait frappant, qui caractérise surtout notre génération, parle encore mieux en faveur de nos idées. C'est l'accroissement continuel du champ des entreprises dues à l'initiative privée et le développement prodigieux des groupements libres de tout genre. Nous en parlerons plus longuement dans les chapitres consacrés à la *Libre Entente*. Qu'il nous suffise de dire ici que ces faits sont nombreux et si habituels, qu'ils forment l'essence de la seconde moitié de ce siècle, alors même que les écrivains en socialisme et en politique les ignorent, préférant nous entretenir toujours des fonctions du gouvernement.

Ces organisations libres, variées à l'infini, sont un produit si naturel; elles croissent si rapidement et elles se groupent avec tant de facilité; elles sont un résultat si nécessaire de l'accroissement continuel des besoins de l'homme civilisé, et enfin elles remplacent si avantageusement l'immixtion gouvernementale, que nous devons reconnaître en elles un facteur de plus en plus important dans la vie des sociétés.

Si elles ne s'étendent pas encore à l'ensemble des manifestations de la vie, c'est qu'elles rencontrent un obstacle insurmontable dans la misère du travailleur, dans les castes de la société actuelle, dans l'appropriation privée du capital, dans l'Etat. Abolissez ces obstacles et vous les verrez couvrir l'immense domaine de l'activité des hommes civilisés.

L'histoire des cinquante dernières années a fourni la preuve vivante de l'impuissance du gouvernement représentatif à s'acquitter des fonctions dont on a voulu l'affubler. On citera un jour le dix-neuvième siècle comme la date de l'avortement du parlementarisme.

Mais cette impuissance devient si évidente pour tous, les fautes du parlementarisme et les vices fondamentaux du principe représentatif sont si frappants, que les quelques penseurs qui en ont fait la critique (J. S. Mill, Leverdays) n'ont eu qu'à traduire le mécontentement populaire. En effet, ne conçoit-on pas qu'il est absurde de nommer quelques hommes et de leur dire : « Faites-nous des lois sur toutes les manifestations de notre vie, lors même que chacun de vous les ignore? » On commence à comprendre que gouvernement des majorités veut dire abandon de toutes les affaires du pays à ceux qui font les majorités, c'est-à-dire, aux « crapauds du marais, » à la Chambre et dans les comices : à ceux en un mot qui n'ont pas d'opinion. L'humanité cherche, et elle trouve déjà de nouvelles issues.

L'union postale internationale, les unions de chemins de fer, les sociétés savantes nous donnent l'exemple de solutions trouvées par la libre entente, au lieu et place de la loi.

Aujourd'hui, lorsque des groupes disséminés aux quatre coins du globe veulent arriver à s'organiser pour un but quelconque, ils ne nomment plus un parlement international de députés *bons à tout faire*, auxquels on dit : « Votez-nous des lois, nous obéirons. » Quand on ne peut pas s'entendre directement ou par correspondance, on envoie des délégués connaissant la question spéciale à traiter et on leur dit : « Tâchez de vous accorder sur telle question, et alors revenez, — non pas avec une loi dans votre poche, mais avec une proposition d'entente que nous accepterons ou n'accepterons pas. »

C'est ainsi qu'agissent les grandes compagnies industrielles, les sociétés savantes, les associations de toute sorte qui couvrent déjà l'Europe et les Etats-Unis. Et c'est ainsi que devra agir une société affranchie. Pour faire l'expropriation, il lui sera absolument impossible de s'organiser sur le principe de la représentation parlementaire. Une société fondée sur le servage pouvait s'arranger de la monarchie absolue : une société basée sur le salariat et l'exploitation des masses par les détenteurs du capital s'accommodait du parlementarisme. Mais une société libre, rentrant en possession de l'héritage commun, devra chercher dans le libre groupement et la libre fédération des groupes une organisation nouvelle, qui convienne à la phase économique nouvelle de l'histoire.

A chaque phase économique répond sa phase politique, et il sera impossible de toucher à la propriété sans trouver du même coup un nouveau mode de vie politique.

L'EXPROPRIATION

I

On raconte qu'en 1848, Rothschild, se voyant menacé dans sa fortune par la Révolution, inventa la farce suivante : — « Je veux bien admettre, disait-il, que « ma fortune soit acquise aux dépens des autres. Mais, « partagée entre tant de millions d'Européens, elle « ne ferait qu'un seul écu par personne. Eh bien ! « je m'engage à restituer à chacun son écu, s'il me « le demande. »

Cela dit et dûment publié, notre millionnaire se promenait tranquillement dans les rues de Francfort. Trois ou quatre passants lui demandèrent leur écu, il les déboursa avec un sourire sardonique, et le tour fut joué. La famille du millionnaire est encore en possession de ses trésors.

C'est à peu près de la même façon que raisonnent les fortes têtes de la bourgeoisie, lorsqu'elles nous disent : — « Ah, l'expropriation ? j'y suis ; Vous prenez à tous leurs patelots, vous les mettez dans le tas, et chacun va en prendre un, quitte à se battre pour le meilleur ! »

C'est une plaisanterie de mauvais goût. Ce qu'il nous faut, ce n'est pas de mettre les paletots dans le tas pour les distribuer ensuite, et encore ceux qui grelottent y trouveraient-ils quelque avantage. Ce n'est pas non plus de partager les écus de Rothschild. C'est de nous organiser en sorte que chaque être humain venant au monde soit assuré, d'abord, d'apprendre un travail productif et d'en acquérir l'habitude ; et ensuite de pouvoir faire ce travail sans en demander la permission au propriétaire et au patron et sans payer aux accapareurs de la terre et des machines la part du lion sur tout ce qu'il produira.

Quant aux richesses de toute nature détenues par les Rothschilds ou les Vanderbilts, elles nous serviront à mieux organiser notre production en commun.

Le jour où le travailleur des champs pourra labourer la terre sans payer la moitié de ce qu'il produit ; le jour où les machines nécessaires pour préparer le sol aux grandes récoltes seront, en profusion, à la libre disposition des cultivateurs ; le jour où l'ouvrier de l'usine produira pour la communauté et non pour le monopole, les travailleurs n'iront plus en guenilles ; et il n'y aura plus de Rothschilds ni d'autres exploiteurs.

Personne n'aura plus besoin de vendre sa force de travail pour un salaire ne représentant qu'une partie de ce qu'il a produit.

— « Soit, nous dit-on. Mais il vous viendra des Rothschilds du dehors. Pourrez-vous empêcher qu'un individu ayant amassé des millions en Chine vienne s'établir parmi vous? qu'il s'y entoure de serviteurs et de travailleurs salariés, qu'il les exploite et qu'il s'enrichisse à leurs dépens? »

— « Vous ne pouvez pas faire la Révolution sur toute la terre à la fois. Ou bien, allez-vous établir des douanes à vos frontières, pour fouiller les arrivants et saisir l'or qu'ils apporteront? — Des gendarmes anarchistes tirant sur les passants, voilà qui sera joli à voir! »

Eh bien, au fond de ce raisonnement il y a une grosse erreur. C'est qu'on ne s'est jamais demandé d'où viennent les fortunes des riches. Un peu de réflexion suffirait pour montrer que l'origine de ces fortunes est la misère des pauvres.

Là où il n'y aura pas de misérables, il n'y aura plus de riches pour les exploiter.

Voyez un peu le moyen-âge, où les grandes fortunes commencent à surgir.

Un baron féodal a fait main basse sur une fertile vallée. Mais tant que cette campagne n'est pas peuplée, notre baron n'est pas riche du tout. Sa terre ne lui rapporte rien : autant vaudrait posséder des biens dans la lune. Que va faire notre baron pour s'enrichir? Il cherchera des paysans!

Cependant, si chaque agriculteur avait un lopin de terre libre de toute redevance; s'il avait, en outre, les outils et le bétail nécessaires pour le labour, qui donc irait défricher les terres du baron? Chacun resterait chez soi. Mais il y a des populations entières de misérables. Les uns ont été ruinés par les guerres, les sécheresses, les pestes; ils n'ont ni cheval, ni charrue. (Le fer était coûteux au moyen âge, plus coûteux encore le cheval de labour.)

Tous les misérables cherchent de meilleures conditions. Ils voient un jour sur la route, sur la limite des terres de notre baron, un poteau indiquant par certains signes compréhensibles, que le laboureur qui viendra s'installer sur ces terres recevra avec le sol des instruments et des matériaux pour bâtir sa chaumière, ensemencer son champ, sans payer de redevances pendant un certain nombre d'années. Ce nombre d'années est marqué par autant de croix sur le poteau-frontière, et le paysan comprend ce que signifient ces croix.

Alors, les misérables affluent sur les terres du baron. Ils tracent des routes, dessèchent les marais, créent des villages. Dans neuf ans le baron leur imposera un bail, il prélèvera des redevances cinq ans plus tard, qu'il doublera ensuite et le laboureur acceptera ces nouvelles conditions, parce que, autre part, il n'en trouverait pas de meilleures. Et peu à peu, avec l'aide de la loi faite par les maîtres, la misère du paysan devient la source de la richesse du seigneur, et non seulement du seigneur, mais de toute une nuée d'usuriers qui s'abattent sur les villages et se multiplient d'autant plus que le paysan s'appauvrit davantage.

Cela se passait ainsi au moyen âge. Et aujourd'hui, n'est-ce pas toujours la même chose ? S'il y avait des terres libres que le paysan pût cultiver à son gré, irait-il payer mille francs l'hectare à Monsieur le Vicomte, qui veut bien lui en vendre un lopin ? irait-il payer un bail onéreux, qui lui prend le tiers de ce qu'il produit ? Irait-il se faire métayer pour donner la moitié de sa moisson au propriétaire ?

Mais il n'a rien ; donc, il acceptera toutes les conditions, pourvu qu'il puisse vivre en cultivant le sol ; et il enrichira le seigneur.

En plein dix-neuvième siècle, comme au moyen âge, c'est encore la pauvreté du paysan qui fait la richesse des propriétaires fonciers.

II

Le propriétaire du sol s'enrichit de la misère des paysans. Il en est de même pour l'entrepreneur industriel.

Voilà un bourgeois qui, d'une manière ou d'une autre, se trouve posséder un magot de cinq cent mille francs. Il peut certainement dépenser son argent à raison de cinquante mille francs par an, — très peu de chose, au fond, avec le luxe fantaisiste, insensé, que nous voyons de nos jours. Mais alors, il n'aura plus rien au bout de dix ans. Aussi, en homme « pratique », préfère-t-il garder sa fortune intacte et se faire de plus un joli petit revenu annuel.

C'est très simple dans notre société, précisément parce que nos villes et nos villages grouillent de travailleurs qui n'ont pas de quoi vivre un mois, ni même une quinzaine. Notre bourgeois monte une usine : les banquiers s'empressent de lui prêter encore cinq cent mille francs, surtout s'il a la réputation d'être adroit ; et, avec son million, il pourra faire travailler cinq cents ouvriers.

S'il n'y avait dans les environs que des hommes et des femmes dont l'existence fût garantie, qui donc irait travailler chez notre bourgeois ? Personne ne consentirait à lui fabriquer pour un salaire de trois francs par jour, des marchandises de la valeur de cinq ou même de dix francs.

Malheureusement, — nous ne le savons que trop, — les quartiers pauvres de la ville et les villages voisins sont remplis de gens dont les enfants dansent devant le buffet vide. Aussi, l'usine n'est pas encore achevée que les travailleurs accourent pour s'embaucher. Il n'en faut que cent, et il en est déjà venu mille. Et dès que l'usine marchera, le patron — s'il n'est pas le dernier des imbéciles — encaissera net, sur chaque paire de bras travaillant chez lui, un millier de francs par an.

Notre patron se fera ainsi un joli revenu. Et s'il a choisi une branche d'industrie lucrative, s'il est habile, il agrandira peu à peu son usine et augmentera ses rentes en doublant le nombre des hommes qu'il exploite.

Alors il deviendra un notable dans son pays. Il pourra payer des déjeuners à d'autres notables, aux conseillers, à monsieur le député. Il pourra marier sa fortune à une autre fortune et, plus tard, placer avantageusement ses enfants, puis obtenir quelque concession de l'Etat. On lui demandera une fourniture pour l'armée, ou pour la préfecture ; et il arrondira toujours son magot, jusqu'à ce qu'une guerre, même un simple bruit de guerre, ou une spéculation à la Bourse lui permette de faire un gros coup.

Les neuf dixièmes des fortunes colossales des Etats-Unis (Henry Georges l'a bien raconté dans ses

Problèmes Sociaux) sont dus à quelque grande coquinerie faite avec le concours de l'Etat. En Europe, les neuf dixièmes des fortunes dans nos monarchies et nos républiques ont la même origine : Il n'y a pas deux façons de devenir millionnaire.

Toute la science des Richesses est là : trouver des va-nu-pieds, les payer trois francs et leur en faire produire dix. Amasser ainsi une fortune. L'accroître ensuite par quelque grand coup avec le secours de l'Etat!

Faut-il encore parler des petites fortunes attribuées par les économistes à l'épargne, tandis que l'épargne, par elle-même, ne « rapporte » rien, tant que les sous « épargnés » ne sont pas employés à exploiter les meurt-de-faim.

Voici un cordonnier. Admettons que son travail soit bien payé, qu'il ait une bonne clientèle et qu'à force de privations il soit parvenu à mettre de côté deux francs par jour, cinquante francs par mois!

Admettons que notre cordonnier ne soit jamais malade ; qu'il mange à sa faim, malgré sa rage pour l'épargne ; qu'il ne se marie pas, ou qu'il n'ait pas d'enfants ; qu'il ne mourra pas de phtisie ; admettons tout ce que vous voudrez!

Eh bien, à l'âge de cinquante ans il n'aura pas mis de côté quinze mille francs ; et il n'aura pas de quoi vivre pendant sa vieillesse, lorsqu'il sera incapable de travailler. Certes, ce n'est pas ainsi que s'amassent les fortunes.

Mais voici un autre cordonnier. Dès qu'il aura mis quelques sous de côté, il les portera soigneusement à la caisse d'épargne, et celle-ci les prêtera au bourgeois qui est en train de monter une exploitation de va-nu-pieds. Puis, il prendra un apprenti, — l'enfant d'un misérable qui s'estimera heureux si, au bout de cinq ans, son fils apprend le métier et parvient à gagner sa vie.

L'apprenti « rapportera » à notre cordonnier, et, si celui-ci a de la clientèle, il s'empressera de prendre un second, puis un troisième élève. Plus tard, il aura deux ou trois ouvriers, — des misérables, heureux de toucher trois francs par jour pour un travail qui en vaut six. Et si notre cordonnier « a la chance », c'est-à-dire, s'il est assez malin, ses ouvriers et ses apprentis lui rapporteront une vingtaine de francs par jour, en plus de son propre travail. Il pourra agrandir son entreprise, il s'enrichira peu à peu et n'aura pas besoin de se priver du strict nécessaire. Il laissera à son fils un petit magot.

Voilà ce qu'on appelle « faire de l'épargne, avoir des habitudes de sobriété. » Au fond, c'est tout bonnement exploiter des meurt-de faim.

Le commerce semble faire exception à la règle. « Tel homme, nous dira-t-on, achète du thé en Chine, l'importe en France et réalise un bénéfice de trente pour cent sur son argent. Il n'a exploité personne. »

Et cependant, le cas est analogue. Si notre homme avait transporté le thé sur son dos, à la bonne heure! Jadis, aux origines du moyen âge, c'est précisément de cette manière qu'on faisait le commerce. Aussi ne parvenait-on jamais aux étourdissantes fortunes de nos jours : à peine si le marchand d'alors mettait de côté quelques écus après un voyage pénible et dangereux. C'était moins la soif du gain que le goût des voyages et des aventures qui le poussait à faire le commerce.

Aujourd'hui, la méthode est plus simple. Le marchand qui possède un capital n'a pas besoin de bouger de son comptoir pour s'enrichir. Il télégraphie à un commissionnaire l'ordre d'acheter cent tonnes de thé ; il affrète un navire ; et en quelques semaines, — en trois mois, si c'est un voilier, — le navire lui aura porté sa cargaison. Il ne court même pas les risques de la traversée, puisque son thé et son navire sont assurés. Et s'il a dépensé cent mille francs, il en touchera cent trente, — à moins qu'il n'ait voulu spéculer sur quelque marchandise nouvelle, auquel cas il risque, soit de doubler sa fortune, soit de la perdre entièrement.

Mais comment a-t-il pu trouver des hommes qui se sont décidés à faire la traversée, aller en Chine et en revenir, travailler dur, supporter des fatigues, risquer leur vie pour un maigre salaire ? Comment a-t-il pu trouver dans les docks des chargeurs et des déchargeurs, qu'il payait juste de quoi ne pas les laisser mourir de faim pendant qu'ils travaillaient ? Comment ? — Parce qu'ils sont misérables ! Allez dans un port de mer, visitez les cafés sur la plage, observez ces hommes qui viennent se faire embaucher, se battant aux portes des docks qu'ils assiègent dès l'aube pour être admis à travailler sur les navires. Voyez ces marins, heureux d'être engagés pour un voyage lointain, après des semaines et des mois d'attente ; toute leur vie ils ont passé de navire en navire et ils en monteront encore d'autres, jusqu'à ce qu'ils périssent un jour dans les flots.

Entrez dans leurs chaumières, considérez ces femmes et ces enfants en haillons, qui vivent on ne sait comment en attendant le retour du père — et vous aurez aussi la réponse.

Multipliez les exemples, choisissez-les où bon vous semblera : méditez sur l'origine de toutes les fortunes, grandes ou petites, qu'elles viennent du commerce, de la banque, de l'industrie ou du sol. Partout vous constaterez que la richesse des uns est faite de la misère des autres. Une société anarchiste n'a pas à craindre le Rothschild inconnu qui viendrait tout à coup s'établir dans son sein. Si chaque membre de la communauté sait qu'après quelques heures de travail productif, il aura droit à tous les plaisirs que procure la civilisation, aux jouissances profondes que la Science et l'Art donnent à qui les cultive, il n'ira pas vendre sa force de travail pour une maigre pitance ; personne ne s'offrira pour enrichir le Rothschild en question. Ses écus seront des pièces de métal, utiles pour divers usages, mais incapables de faire des petits.

En répondant à l'objection précédente, nous avons en même temps déterminé les limites de l'expropriation.

L'expropriation doit porter sur tout ce qui permet à qui que ce soit — banquier, industriel, ou cultivateur — de s'approprier le travail d'autrui. La formule est simple et compréhensible.

Nous ne voulons pas dépouiller chacun de son paletot; mais nous voulons rendre aux travailleurs *tout* ce qui permet à n'importe qui de les exploiter : et nous ferons tous nos efforts pour que, personne ne manquant de rien, il n'y ait pas *un seul homme* qui soit *forcé* de vendre ses bras pour exister, lui et ses enfants.

Voilà comment nous entendons l'expropriation et notre devoir pendant la Révolution, dont nous espérons l'arrivée, — non dans deux cents ans d'ici, — mais dans un avenir *prochain*.

III

L'idée anarchiste en général et celle d'expropriation en particulier trouvent beaucoup plus de sympathies qu'on ne le pense, parmi les hommes indépendants de caractère et ceux pour lesquels l'oisiveté n'est pas l'idéal suprême. « Cependant », nous disent souvent nos amis, « gardez-vous d'aller trop loin ! Puisque l'humanité ne se modifie pas en un jour, ne marchez pas trop vite dans vos projets d'expropriation et d'anarchie ! Vous risqueriez de ne rien faire de durable ».

Eh bien, ce que nous craignons, en fait d'expropriation, ce n'est nullement d'aller trop loin. Nous craignons, au contraire, que l'expropriation se fasse sur une échelle trop petite pour être durable ; que l'élan révolutionnaire s'arrête à mi-chemin ; qu'il s'épuise en demi-mesures qui ne sauraient contenter personne et qui, tout en produisant un bouleversement formidable dans la société et un arrêt de ses fonctions, ne seraient cependant pas viables, sèmeraient le mécontentement général et amèneraient fatalement le triomphe de la réaction.

Il y a, en effet, dans nos sociétés, des rapports établis qu'il est matériellement impossible de modifier si on y touche seulement en partie. Les divers rouages de notre organisation économique sont si intimement liés entre eux qu'on n'en peut modifier un seul sans les modifier dans leur ensemble ; on s'en apercevra dès qu'on voudra exproprier quoi que ce soit.

Supposons, en effet, que dans une région quelconque il se fasse une expropriation limitée : qu'on se borne, par exemple, à exproprier les grands seigneurs fonciers, sans toucher aux usines, comme le demandait naguère Henry Georges ; que dans telle ville on exproprie les maisons, sans mettre en commun les denrées ; ou que dans telle région industrielle on exproprie les usines sans toucher aux grandes propriétés foncières :

Le résultat sera toujours le même. Bouleversement immense de la vie économique, sans les moyens de réorganiser cette vie économique sur des bases nouvelles. Arrêt de l'industrie et de l'échange, sans le retour aux principes de justice; impossibilité pour la société de reconstituer un tout harmonique.

Si l'agriculteur s'affranchit du grand propriétaire foncier, sans que l'industrie s'affranchisse du capitaliste industriel, du commerçant et du banquier — il n'y aura rien de fait. Le cultivateur souffre aujourd'hui, non seulement d'avoir à payer des rentes au propriétaire du sol, mais il pâtit de l'ensemble des conditions actuelles: il pâtit de l'impôt prélevé sur lui par l'industriel, qui lui fait payer trois francs une bêche ne valant — comparée au travail de l'agriculteur — que quinze sous ; des taxes prélevées par l'Etat, qui ne peut exister sans une formidable hiérarchie de fonctionnaires; des frais d'entretien de l'armée que maintient l'Etat, parce que les industriels de toutes les nations sont en lutte perpétuelle pour les marchés, et que chaque jour, la guerre peut éclater à la suite d'une querelle survenue pour l'exploitation de telle partie de l'Asie ou de l'Afrique. L'agriculteur souffre de la dépopulation des campagnes, dont la jeunesse est entraînée vers les manufactures des grandes villes, soit par l'appât de salaires plus élevés, payés temporairement par les producteurs des objets de luxe, soit par les agréments d'une vie plus mouvementée ; il souffre encore de la protection artificielle de l'industrie, de l'exploitation marchande des pays voisins, de l'agiotage, de la difficulté d'améliorer le sol et de perfectionner l'outillage, etc. Bref, l'agriculture souffre, non seulement de la rente, mais de l'ensemble des conditions de nos sociétés basées sur l'exploitation ; et lors même que l'expropriation permettrait à tous de cultiver la terre et de la faire valoir sans payer de rentes à personne, l'agriculture, — lors même qu'elle aurait un moment de bien-être, ce qui n'est pas encore prouvé, retomberait bientôt dans le marasme où elle se trouve aujourd'hui. Tout serait à recommencer, avec de nouvelles difficultés en plus.

De même pour l'industrie. Remettez demain les usines aux travailleurs, faites ce que l'on a fait pour un certain nombre de paysans qu'on a rendus propriétaires du sol. Supprimez le patron, mais laissez la terre au seigneur, l'argent au banquier, la Bourse au commerçant ; conservez dans la société cette masse d'oisifs qui vivent du travail de l'ouvrier, maintenez les mille intermédiaires, l'Etat avec ses fonctionnaires innombrables, — et l'industrie ne marchera pas. Ne trouvant pas d'acheteurs dans la masse des paysans restés pauvres ; ne possédant pas la matière première et ne pouvant exporter ses produits, en partie à cause de l'arrêt du commerce et surtout par l'effet de la décentralisation des industries, elle ne pourra que végéter, en abandonnant les ouvriers sur le pavé, et ces bataillons d'affamés seront prêts à se soumettre au premier intrigant venu, ou même à retourner vers l'ancien régime, pourvu qu'il leur garantisse la main d'œuvre.

Ou bien, enfin, expropriez les seigneurs de la terre et rendez l'usine aux travailleurs, mais sans toucher à ces nuées d'intermédiaires qui spéculent aujourd'hui sur les farines et les blés, sur la viande et les épices dans les grands centres, en même temps qu'ils écoulent les produits de nos manufactures. Eh bien, lorsque l'échange s'arrêtera et que les produits ne circuleront plus; lorsque Paris manquera de pain et que Lyon ne trouvera pas d'acheteurs pour ses soies, la réaction reviendra terrible, marchant sur les cadavres, promenant la mitrailleuse dans les villes et les campagnes, faisant des orgies d'exécutions et de déportations, comme elle l'a fait en 1815, en 1848 et en 1871.

Tout se tient dans nos sociétés, et il est impossible de réformer quoi que ce soit sans ébranler l'ensemble.

Du jour où l'on frappera la propriété privée sous une de ses formes, — foncière ou industrielle, — on sera forcé de la frapper sous toutes les autres. Le succès même de la Révolution l'imposera.

D'ailleurs, le voudrait-on, on ne pourrait pas se borner à une expropriation partielle. Une fois que le *principe* de la Sainte Propriété sera ébranlé, les théoriciens n'empêcheront pas qu'elle soit détruite, ici par les serfs de la glèbe, et là par les serfs de l'industrie.

Si une grande ville — Paris, par exemple, —

met seulement la main sur les maisons ou sur les usines, elle sera amenée par la force même des choses à ne plus reconnaître aux banquiers le droit de prélever sur la Commune cinquante millions d'impôts sous forme d'intérêts pour des prêts antérieurs. Elle sera obligée de se mettre en rapport avec des cultivateurs, et forcément elle les poussera à s'affranchir des possesseurs du sol. Pour pouvoir manger et produire, il lui faudra exproprier les chemins de fer; enfin, pour éviter le gaspillage des denrées, pour ne pas rester, comme la Commune de 1793, à la merci des accapareurs de blé, elle remettra aux citoyens mêmes le soin d'approvisionner leurs magasins de denrées et de répartir les produits.

Cependant quelques socialistes ont encore cherché à établir une distinction. — « Qu'on exproprie le sol, « le sous-sol, l'usine, la manufacture, — nous le vou« lons bien », disaient-ils. « Ce sont des instruments « de production, et il serait juste d'y voir une pro« priété publique. Mais il y a, outre cela, les objets de « consommation : la nourriture, le vêtement, l'ha« bitation, qui doivent rester propriété privée. »

Le bon sens populaire a eu raison de cette distinction subtile. En effet, nous ne sommes pas des sauvages pour vivre dans la forêt sous un abri de branches. Il faut une chambre, une maison, un lit, un poêle à l'Européen qui travaille.

Le lit, la chambre, la maison sont des lieux de fainéantise pour celui qui ne produit rien. Mais pour le travailleur, une chambre chauffée et éclairée est aussi bien un instrument de production que la machine ou l'outil. C'est le lieu de restauration de ses muscles et de ses nerfs, qui s'useront demain en travail. Le repos du producteur, c'est la mise en train de la machine.

C'est encore plus évident pour la nourriture. Les prétendus économistes dont nous parlons ne se sont jamais avisés de dire que le charbon brûlé dans une machine ne doive pas être rangé parmi les objets aussi nécessaires à la production que la matière première. Comment se fait-il donc que la nourriture, sans laquelle la machine humaine ne saurait dépenser le moindre effort, puisse être exclue des objets indispensables au producteur? Serait-ce un reste de métaphysique religieuse ?

Le repas copieux et raffiné du riche est bien une consommation de luxe. Mais le repas du producteur est un des objets nécessaires à la production, au même titre que le charbon brûlé par la machine à vapeur.

Même chose pour le vêtement. Car si les économistes qui font cette distinction entre les objets de production et ceux de consommation portaient le costume des sauvages de la Nouvelle-Guinée, — nous comprendrions ces réserves. Mais des gens qui ne sauraient écrire une ligne sans avoir une chemise sur le dos, sont mal placés pour faire une si grande distinction entre leur chemise et leur plume. Et si les robes pimpantes de leurs dames sont bien des objets de luxe, cependant il y a une certaine quantité de toile, de cotonnade et de laine dont le producteur ne peut se passer pour produire. La blouse et les souliers, sans lesquels un travailleur serait gêné de se rendre à son travail ; la veste qu'il endossera, la journée finie; sa casquette, lui sont aussi nécessaires que le marteau et l'enclume.

Qu'on le veuille, ou qu'on ne le veuille pas, c'est ainsi que le peuple entend la révolution. Dès qu'il aura balayé les gouvernements, il cherchera avant tout à s'assurer un logement salubre, une nourriture suffisante et le vêtement, sans payer tribut.

Et le peuple aura raison. Sa manière d'agir sera infiniment plus conforme à la « science » que celle des économistes qui font tant de distinctions entre l'instrument de production et les articles de consommation. Il comprendra que c'est précisément par là que la révolution doit commencer, et il jettera les fondements de la seule science économique qui puisse réclamer le titre de science et qu'on pourrait qualifier : *étude des besoins de l'humanité et des moyens économiques de les satisfaire.*

LES DENRÉES

I

Si la prochaine révolution doit être une révolution sociale, elle se distinguera des soulèvements précédents, non seulement par son but, mais aussi par ses procédés. Un but nouveau demande des procédés nouveaux.

Les trois grands mouvements populaires que nous avons vus en France depuis un siècle diffèrent entre eux sous bien des rapports. Et cependant ils ont tous un trait commun.

Le peuple se bat pour renverser l'ancien régime ; il verse son sang précieux. Puis, après avoir donné le coup de collier, il rentre dans l'ombre. Un gouvernement composé d'hommes plus ou moins honnêtes se constitue, et c'est lui qui se charge d'organi-

4.

ser : — la République en 1793 ; le travail en 1848 ; la Commune libre en 1871.

Imbu des idées jacobines, ce gouvernement se préoccupe avant tout des questions politiques : réorganisation de la machine du pouvoir, épuration de l'administration, séparation de l'Eglise et de l'Etat, libertés civiques, et ainsi de suite.

Il est vrai que les clubs ouvriers surveillent les nouveaux gouvernants. Souvent, ils imposent leurs idées. Mais, même dans ces clubs, que les orateurs soient des bourgeois ou des travailleurs, c'est toujours l'idée bourgeoise qui domine. On parle beaucoup de questions politiques — on oublie la question du pain.

De grandes idées furent émises à ces époques, — des idées qui ont remué le monde ; des paroles furent prononcées qui font encore battre nos cœurs, à un siècle de distance.

Mais le pain manquait dans les faubourgs.

Dès que la révolution éclatait, le travail chômait inévitablement. La circulation des produits s'arrêtait, les capitaux se cachaient. Le patron n'avait rien à craindre à ces époques : il vivait de ses rentes, s'il ne spéculait pas sur la misère ; mais le salarié se voyait réduit à vivoter du jour au lendemain. La disette s'annonçait.

La misère faisait son apparition — une misère comme on n'en avait guère vu sous l'ancien régime.

— « Ce sont les Girondins qui nous affament », se disait-on dans les faubourgs en 1793. Et on guillotinait les Girondins ; on donnait pleins pouvoirs à la Montagne, à la Commune de Paris. La Commune, en effet, songeait au pain. Elle déployait des efforts héroïques pour nourrir Paris. A Lyon, Fouché et Collot d'Herbois créaient les greniers d'abondance ;

mais pour les remplir on ne disposait que de sommes infimes. Les municipalités se démenaient pour avoir du blé ; on pendait les boulangers qui accaparaient les farines — et le pain manquait toujours.

Alors, on s'en prenait aux conspirateurs royalistes. On en guillotinait, douze, quinze par jour, — des servantes avec des duchesses, surtout des servantes, puisque les duchesses étaient à Coblentz. Mais on aurait guillotiné cent ducs et vicomtes par vingt-quatre heures, que rien n'aurait changé.

La misère allait croissant. Puisqu'il fallait toujours toucher un salaire pour vivre, et que le salaire ne venait pas, — que pouvaient faire mille cadavres de plus ou de moins ?

Alors le peuple commençait de se lasser. — « Elle va bien, votre Révolution ! » soufflait le réactionnaire aux oreilles du travailleur. « Jamais vous n'avez été aussi misérable ! » Et peu à peu, le riche se rassurait ; il sortait de sa cachette, il narguait les va-nu-pieds par son luxe pompeux, il s'affublait en muscadin, et il disait aux travailleurs : — « Voyons, assez de bêtises ! Qu'est-ce que vous avez gagné à la Révolution ? Il est bien temps d'en finir ! »

Et le cœur serré, à bout de patience, le révolutionnaire en arrivait à se dire : « Perdue encore une fois, la Révolution ! » Il rentrait dans son taudis et il laissait faire.

Alors la réaction s'affichait, hautaine. Elle accomplissait son coup d'Etat. La Révolution morte, il ne lui restait plus qu'à piétiner le cadavre.

Et on le piétinait ! On versait des flots de sang ; la terreur blanche abattait les têtes, peuplait les prisons, pendant que les orgies de la haute pègre reprenaient leur train.

Voilà l'image de toutes nos révolutions. En 1848, le travailleur parisien mettait « trois mois de misère » au service de la République, et au bout de trois mois, n'en pouvant plus, il faisait son dernier effort désespéré, — effort noyé dans les massacres.

Et en 1871 la Commune se mourait faute de combattants. Elle n'avait pas oublié de décréter la séparation de l'Eglise et de l'Etat, mais elle n'avait songé que trop tard à assurer le pain à tous. Et on a vu à Paris la haute gomme narguer les fédérés en leur disant : « Allez donc, imbéciles, vous faire tuer pour trente sous, pendant que nous allons faire ripaille dans tel restaurant à la mode! » On comprit la faute aux derniers jours ; on fit la soupe communale ; mais c'était trop tard : les Versaillais étaient déjà sur les remparts !

— « Du pain, il faut du pain à la Révolution ! »

Que d'autres s'occupent de lancer des circulaires en périodes éclatantes ! Que d'autres se donnent du galon tant que leurs épaules en pourront porter ! Que d'autres, enfin, déblatèrent sur les libertés politiques !...

Notre tâche, à nous, sera de faire en sorte que dès les premiers jours de la Révolution, et tant qu'elle durera, il n'y ait pas un seul homme sur le territoire insurgé qui manque de pain, pas une seule femme qui soit forcée de faire queue devant la boulangerie pour rapporter la boule de son qu'on voudra bien lui jeter en aumône, pas un seul enfant qui manque du nécessaire pour sa faible constitution

L'idée bourgeoise a été de pérorer sur les grands principes, ou plutôt sur les grands mensonges. L'idée populaire sera d'assurer du pain à tous. Et, pendant que bourgeois et travailleurs embourgeoisés joueront les grands hommes dans les parlottes ; pendant que, « les gens pratiques » discuteront à perte de vue sur les formes de gouvernement, nous, « les utopistes », nous devrons songer au pain quotidien.

Nous avons l'audace d'affirmer que chacun doit et peut manger à sa faim, que c'est par le pain pour tous que la Révolution vaincra.

II

Nous sommes des utopistes, — c'est connu. Si utopistes, en effet, que nous poussons notre utopie jusqu'à croire que la Révolution devra et pourra garantir à tous le logement, le vêtement et le pain, — ce qui déplaît énormément aux bourgeois rouges et bleus, — car ils savent parfaitement qu'un peuple qui mangerait à sa faim serait très difficile à maîtriser.

Eh bien ! nous n'en sortons pas : Il faut assurer le pain au peuple révolté, et il faut que la question du pain les prime toutes. Si elle est résolue dans l'intérêt du peuple, la révolution sera en bonne voie ; car pour résoudre la question des denrées il faut accepter un principe d'égalité qui s'imposera à l'exclusion de toutes les autres solutions.

Il est certain que la prochaine révolution, — pareille en cela à celle de 1848, — éclatera au milieu d'une formidable crise industrielle. Depuis une douzaine d'années nous sommes déjà en pleine effervescence, et la situation ne peut que s'aggraver. Tout y contribue : la concurrence des nations jeunes qui entrent en lice pour la conquête des vieux marchés, les guerres, les impôts toujours croissants, les dettes des Etats, l'insécurité du lendemain, les grandes entreprises lointaines.

Des millions de travailleurs en Europe manquent d'ouvrage en ce moment. Ce sera pire encore, lorsque la révolution aura éclaté et qu'elle se sera propagée comme le feu mis à une traînée de poudre. Le nombre d'ouvriers sans travail doublera dès que les barricades se seront dressées en Europe ou aux Etats-Unis. — Que va-t-on faire pour assurer le pain à ces multitudes ?

Nous ne savons pas trop si les gens qui se disent pratiques se sont jamais posé cette question dans toute sa crudité. Mais, ce que nous savons, c'est qu'ils veulent maintenir le salariat ; attendons-nous donc à voir préconiser les « ateliers nationaux » et les « travaux publics » pour donner du pain aux désœuvrés.

Puisqu'on ouvrait des ateliers nationaux en 1789 et en 1793 ; puisqu'on eut recours au même moyen en 1848 ; puisque Napoléon III réussit, pendant dix-huit années, à contenir le prolétariat parisien en lui donnant des travaux — qui valent aujourd'hui à Paris sa dette de deux mille millions et son impôt municipal de 90 francs par tête ; puisque cet excellent moyen de « mater la bête » s'appliquait à Rome, et même en Egypte, il y a quatre mille ans ; puisqu'enfin, despotes, rois et empereurs ont toujours su jeter un morceau de pain au peuple pour avoir le temps de ramasser le fouet. — il est naturel que les gens « pratiques » préconisent cette méthode de perpétuer le salariat. A quoi bon se creuser la tête quand on dispose de la méthode essayée par les Pharaons d'Egypte !

Eh bien ! si la Révolution avait le malheur de s'engager dans cette voie, elle serait perdue.

En 1848, lorsqu'on ouvrait les ateliers nationaux, le 27 février, les ouvriers sans travail n'étaient que huit mille à Paris. Quinze jours plus tard, ils étaient déjà 49, 000. Ils allaient être bientôt cent mille, sans compter ceux qui accouraient des provinces.

Mais à cette époque, l'industrie et le commerce n'occupaient pas en France la moitié des bras qu'ils occupent aujourd'hui. Et l'on sait qu'en révolution ce qui souffre le plus, ce sont les échanges, c'est l'industrie. Que l'on pense seulement au nombre d'ouvriers qui travaillent, directement ou indirectement, pour l'exportation ; au nombre de bras employés dans les industries de luxe qui ont pour clientèle la minorité bourgeoise !

La révolution en Europe, c'est l'arrêt immédiat de la moitié, au moins, des usines et des manufactures. Ce sont des millions de travailleurs avec leurs familles jetés sur le pavé.

Et c'est à cette situation vraiment terrible que l'on chercherait à parer au moyen d'ateliers nationaux, c'est-à-dire, de nouvelles industries créées sur-le-champ pour occuper des désœuvrés !

Il est évident, comme l'avait déjà dit Proudhon, que la moindre atteinte à la propriété amènera la désorganisation complète de tout le régime basé sur l'entreprise privée et le salariat. La société elle-même sera forcée de prendre en mains la production dans son ensemble et de la réorganiser selon les *besoins de l'ensemble de la population*. Mais comme cette réorganisation n'est pas possible en un jour ni en un mois; comme elle demandera une certaine période d'adaptation, pendant laquelle des millions d'hommes seront privés de moyens d'existence, — que fera-t-on?

Dans ces conditions il n'y a qu'une seule solution vraiment *pratique*. C'est de reconnaître l'immensité de la tâche qui s'impose et, au lieu de chercher à replâtrer une situation que l'on aura soi-même rendue impossible, — procéder à la réorganisation de la production selon les principes nouveaux.

Il faudra donc, selon nous, pour agir pratiquement, que le peuple prenne immédiatement possession de toutes les denrées qui se trouvent dans les communes insurgées; les inventorie et fasse en sorte que, sans rien gaspiller, tous profitent des ressources accumulées, pour traverser la période de crise. Et pendant ce temps-là s'entendre avec les ouvriers de fabriques, en leur offrant les matières premières dont ils manquent et leur garantissant l'existence pendant quelques mois afin qu'ils produisent ce qu'il faut au cultivateur. N'oublions pas que si la France tisse des soies pour les banquiers allemands et les impératrices de Russie et des îles Sandwich, et que si Paris fait des merveilles de bimbeloterie pour les richards du monde entier, les deux tiers des paysans français n'ont pas de lampes convenables pour s'éclairer, ni l'outillage mécanique nécessaire aujourd'hui à l'agriculture.

Et enfin — faire valoir les terres improductives qui ne manquent pas, et améliorer celles qui ne produisent encore ni le quart ni même le dixième de ce qu'elles produiront quand elles seront soumises à la culture intensive, maraîchère et jardinière.

C'est la seule solution pratique que nous soyons capables d'entrevoir, et, qu'on la veuille ou non, elle s'imposera par la force des choses.

III

Le trait prédominant, distinctif, du système capitaliste actuel, c'est le salariat.

Un homme, ou un groupe d'hommes, possédant le capital nécessaire, montent une entreprise industrielle ; ils se chargent d'alimenter la manufacture ou l'usine de matière première, d'organiser la production, de vendre les produits manufacturés, de payer aux ouvriers un salaire fixe ; et enfin ils empochent la plus-value ou les bénéfices, sous prétexte de se dédommager de la gérance, du risque qu'ils ont encouru, des fluctuations de prix que la marchandise subit sur le marché.

Voilà en peu de mots tout le système du *salariat*.

Pour sauver ce système, les détenteurs actuels du capital seraient prêts à faire certaines concessions : partager, par exemple, une partie des bénéfices avec les travailleurs, ou bien, établir une échelle des salaires qui oblige à les élever dès que le gain s'élève :

— bref, ils consentiraient à certains sacrifices, pourvu qu'on leur laissât toujours le droit de gérer l'industrie et d'en prélever les bénéfices.

Le collectivisme, comme on le sait, apporte à ce régime des modifications importantes, mais n'en maintient pas moins le salariat. Seulement l'Etat, c'est-à-dire, le gouvernement représentatif, national ou communal, se substitue au patron. Ce sont les représentants de la nation ou de la commune et leurs délégués, leurs fonctionnaires qui deviennent gérants de l'industrie. Ce sont eux aussi qui se réservent le droit d'employer dans l'intérêt de tous la plus-value de la production. En outre, on établit dans ce système une distinction très subtile, mais grosse de conséquences, entre le travail du manœuvre et celui de l'homme qui a fait un apprentissage préalable : le travail du manœuvre n'est aux yeux du collectiviste qu'un travail *simple*; tandis que l'artisan, l'ingénieur, le savant, etc. font ce que Marx appelle un travail *composé* et ont droit à un salaire plus élevé. Mais manœuvres et ingénieurs, tisserands et savants sont salariés de l'Etat, — « tous fonctionnaires », disait-on dernièrement pour dorer la pilule.

Eh bien, le plus grand service que la prochaine Révolution pourra rendre à l'humanité sera de créer une situation dans laquelle tout système de salariat deviendra impossible, inapplicable, et où s'imposera comme seule solution acceptable, le Communisme, négation du salariat.

Car en admettant que la modification collectiviste soit possible, si elle se fait graduellement pendant une période de prospérité et de tranquillité (nous en doutons fort, pour notre compte, même dans ces conditions), — elle sera rendue impossible en période révolutionnaire, parce que le besoin de nourrir des millions d'êtres surgira au lendemain de la première prise d'armes. Une révolution politique peut se faire sans que l'industrie soit bouleversée ; mais une révolution dans laquelle le peuple mettra la main sur la propriété amènera inévitablement un arrêt subit des échanges et de la production. Les millions de l'Etat ne suffiraient pas à salarier les millions de désœuvrés.

Nous ne saurions trop insister sur ce point ; la réorganisation de l'industrie sur de nouvelles bases (et nous montrerons bientôt l'immensité de ce problème), ne se fera pas en quelques jours, et le prolétaire ne pourra pas mettre des années de misère au service des théoriciens du salariat. Pour traverser la période de gêne, il réclamera ce qu'il a toujours réclamé en pareille occurrence : la mise des denrées en commun, — le rationnement.

On aura beau prêcher la patience, le peuple ne patientera plus ; et si toutes les denrées ne sont mises en commun, il pillera les boulangeries.

Si la poussée du peuple n'est pas suffisamment forte, on le fusillera. Pour que le collectivisme puisse expérimenter, il lui faut l'*ordre* avant tout, la discipline, l'obéissance. Et comme les capitalistes s'apercevront bientôt que faire fusiller le peuple par ceux qui s'appellent révolutionnaires est le meilleur moyen de le dégoûter de la révolution, ils prêteront certainement leur appui aux défenseurs de « l'ordre », même collectivistes. Ils y verront un moyen de les écraser plus tard à leur tour.

Si « l'ordre est rétabli » de cette façon, les conséquences sont aisées à prévoir. On ne se bornera pas à fusiller les « pillards ». Il faudra rechercher les « auteurs de désordre », rétablir les tribunaux, la guillotine, et les révolutionnaires les plus ardents monteront sur l'échafaud. Ce sera un renouvellement de 1793.

N'oublions pas comment la réaction triompha au siècle passé. On guillotina d'abord les Hébertistes, les enragés, — ceux que Mignet, sous le souvenir tout frais des luttes, appelait encore les « anarchistes ». Les Dantoniens ne tardèrent pas à les suivre : et lorsque les Robespierristes eurent guillotiné ces révolutionnaires, ce fut leur tour d'aller à l'échafaud, — sur quoi, le peuple dégoûté, voyant la révolution perdue, laissa faire les réacteurs.

Si « l'ordre est rétabli », disons-nous, les collectivistes guillotineront les anarchistes ; les possibilistes guillotineront les collectivistes, et enfin ils seront guillotinés eux-mêmes par les réactionnaires. La révolution sera à recommencer.

Mais tout porte à croire que la poussée du peuple *sera* assez forte, et que lorsque la Révolution se fera, l'idée du Communisme anarchiste aura gagné du terrain. Ce n'est pas une idée inventée, c'est le peuple lui-même qui nous la souffle, et le nombre des communistes augmentera à mesure que deviendra plus évidente l'impossibilité de toute autre solution.

Et si la poussée est assez forte, les affaires prendront une tout autre tournure. Au lieu de piller quelques boulangeries, quitte à jeûner le lendemain, le peuple des cités insurgées prendra possession des greniers à blé, des abattoirs, des magasins de comestibles, — bref, de toutes les denrées disponibles.

Des citoyens, des citoyennes de bonne volonté, s'appliqueront sur le champ à inventorier ce qui se trouvera dans chaque magasin, dans chaque grenier d'abondance. En vingt-quatre heures la Commune révoltée saura ce que Paris ne sait pas encore aujourd'hui, malgré ses Comités de statistique, et ce qu'il n'a jamais su pendant le siège, — combien de provisions il renferme. En deux fois vingt-quatre heures on aura déjà tiré à des millions d'exemplaires des tableaux exacts de toutes les denrées, des endroits où elles se trouvent emmagasinées, des moyens de distribution.

Dans chaque pâté de maisons, dans chaque rue et chaque quartier, se seront organisés des groupes de volontaires — les Volontaires des Denrées — qui sauront s'entendre et se tenir au courant de leurs travaux. Que les baïonnettes jacobines ne viennent pas s'interposer ; que les théoriciens soi-disant scientifiques ne viennent rien brouiller, ou plutôt, qu'ils brouillent tant qu'ils voudront, pourvu qu'ils n'aient pas le droit de commander ! et, avec cet admirable esprit d'organisation spontanée que le peuple, et surtout la nation française, possède à un si haut degré dans toutes ses couches sociales, et qu'on lui permet si rarement d'exercer, il surgira, même dans une cité aussi vaste que Paris, même en pleine effervescence révolutionnaire, — un immense service librement constitué, pour fournir à chacun les denrées indispensables.

Que le peuple ait seulement les coudées franches, et en huit jours le service des denrées se fera avec une régularité admirable. Il ne faut jamais avoir vu le peuple laborieux à l'œuvre ; il faut avoir eu, toute sa vie, le nez dans les paperasses, pour en douter. Parlez de l'esprit organisateur du Grand Méconnu, le Peuple, à ceux qui l'ont vu à Paris aux journées des barricades, ou à Londres lors de la dernière grande grève qui avait à nourrir un demi-million d'affamés, ils vous diront de combien il est supérieur aux rond-de-cuir des bureaux !

D'ailleurs, dût-on subir pendant quinze jours, un mois, un certain désordre partiel et relatif, — peu importe ! Pour les masses ce sera toujours mieux que ce qu'il y a aujourd'hui ; et puis, en Révolution on dîne en riant, ou plutôt en discutant, d'un saucisson et de pain sec, sans murmurer ! En tout cas, ce qui surgirait spontanément, sous la pression des besoins immédiats, serait infiniment préférable à tout ce que l'on pourrait inventer entre quatre murs, au milieu des bouquins, ou dans les bureaux de l'Hôtel-de-Ville.

IV

Le peuple des grandes cités sera ainsi amené, par la force même des choses, à s'emparer de toutes les denrées, en procédant du simple au composé, pour satisfaire les besoins de tous les habitants. Plus tôt ce sera fait, mieux ce sera : autant de misère épargnée, autant de luttes intestines évitées.

Mais sur quelles bases pourrait-on s'organiser pour la jouissance des denrées en commun ? Voilà la question qui surgit naturellement.

Eh bien, il n'y a pas deux manières différentes de le faire équitablement. Il n'y en a qu'une, une seule qui réponde aux sentiments de justice, et qui soit réellement pratique. C'est le système adopté déjà par les communes agraires en Europe.

Prenez une commune de paysans, n'importe où — même en France, où les jacobins ont cependant tout fait pour détruire les usages communaux. Si la commune possède un bois, par exemple, — eh bien, tant que le petit bois ne manque pas, chacun a droit d'en prendre *tant qu'il veut*, sans autre contrôle que l'opinion publique de ses voisins. Quant au gros bois, dont on n'a jamais assez, on a recours au rationnement.

Il en est de même pour les prés communaux. Tant qu'il y en a assez pour la commune, personne ne contrôle ce que les vaches de chaque ménage ont mangé, ni le nombre de vaches dans les prés. On n'a recours au partage — ou au rationnement — que lorsque les prés sont insuffisants. Toute la Suisse et beaucoup de communes en France, en Allemagne, partout où il y a des prés communaux, pratiquent ce système.

Et si vous allez dans les pays de l'Europe orientale, où le gros bois se trouve à discrétion et où le sol ne manque pas, vous voyez les paysans couper les arbres dans les forêts selon leurs besoins, cultiver autant de sol qu'il leur est nécessaire, sans penser à rationner le gros bois ni à diviser la terre en parcelles. Cependant le gros bois sera rationné, et la terre partagée selon les besoins de chaque ménage, dès que l'un et l'autre manqueront, comme c'est déjà le cas pour la Russie.

En un mot : — Prise au tas de ce qu'on possède en abondance ! Rationnement de ce qui doit être mesuré, partagé ! Sur les 350 millions d'hommes qui habitent l'Europe, deux cents millions suivent encore ces pratiques, tout à fait naturelles.

Chose à remarquer. Le même système prévaut aussi dans les grandes villes, pour une denrée, au moins, qui s'y trouve en abondance, l'eau livrée à domicile.

Tant que les pompes suffisent à alimenter les maisons, sans qu'on ait à craindre le manque d'eau, il ne vient à l'idée d'aucune compagnie de réglementer l'emploi que l'on fait de l'eau dans chaque ménage. Prenez-en ce qu'il vous plaira ! Et si l'on craint que l'eau manque à Paris pendant les grandes chaleurs, les Compagnies savent fort bien qu'il suffit d'un simple avertissement, de quatre lignes mises dans les journaux, pour que les Parisiens réduisent leur consommation d'eau et ne la gaspillent pas trop.

Mais si l'eau venait décidément à manquer, que ferait-on ? On aurait recours au rationnement ! Et cette mesure est si naturelle, si bien dans les esprits, que nous voyons Paris, en 1871, réclamer à deux reprises le rationnement des denrées pendant les deux sièges qu'il a soutenus.

Faut-il entrer dans les détails, dresser des tableaux sur la manière dont le rationnement pourrait fonctionner ? prouver qu'il serait juste, infiniment plus juste que tout ce qui existe aujourd'hui ? Avec ces tableaux et ces détails nous ne parviendrions pas à persuader ceux des bourgeois — et, hélas, ceux des travailleurs embourgeoisés — qui considèrent le peuple comme une agglomération de sauvages se mangeant le nez dès que le gouvernement ne fonctionne plus. Mais il faut n'avoir jamais vu le peuple délibérer, pour douter une seule minute que, s'il était maître de faire le rationnement, il ne le fît selon les plus purs sentiments de justice et d'équité.

Allez dire, dans une réunion populaire, que les perdreaux doivent être réservés aux fainéants délicats de l'aristocratie, et le pain noir aux malades des hôpitaux, vous serez hué.

Mais dites dans cette même réunion, prêchez aux coins des carrefours, que la nourriture la plus délicate doit être réservée aux faibles, aux malades d'abord. Dites que s'il y avait dix perdreaux dans tout Paris et une seule caisse de Malaga, ils devraient être portés dans les chambres des convalescents ; dites cela...

Dites que l'enfant vient de suite après le malade. A lui le lait des vaches et des chèvres, s'il n'y en a pas assez pour tous ! A l'enfant et au vieillard la dernière bouchée de viande et à l'homme robuste le pain sec, si l'on est réduit à cette extrémité.

Dites en un mot que si telle denrée ne se trouve pas en quantités suffisantes, et s'il faut la rationner, c'est à ceux qui en ont le plus besoin qu'on réservera les dernières rations ; dites cela, et vous verrez si l'assentiment unanime ne vous sera pas acquis.

Ce que le repu ne comprend pas, le peuple le comprend ; il l'a toujours compris. Mais ce repu même, s'il est jeté dans la rue, au contact de la masse, il le comprendra aussi.

Les théoriciens, — pour qui l'uniforme et la gamelle du soldat sont le dernier mot de la civilisation, — demanderont sans doute qu'on introduise tout de suite la cuisine nationale et la soupe aux lentilles. Ils invoqueront les avantages qu'il y aurait à économiser le combustible et les denrées, en établissant d'immenses cuisines, où tout le monde viendrait prendre sa ration de bouillon, de pain, de légumes.

Nous ne contestons pas ces avantages. Nous savons fort bien ce que l'humanité a réalisé d'économies sur le combustible et sur le travail, en renonçant d'abord au moulin à bras et puis au four où chacun faisait jadis son pain. Nous comprenons qu'il serait plus économique de cuire le bouillon pour cent familles à la fois, au lieu d'allumer cent fourneaux séparés. Nous savons aussi qu'il y a mille façons de préparer les pommes de terre, mais que, cuites dans une seule marmite pour cent familles, elles n'en seraient pas plus mauvaises.

Nous comprenons enfin que la variété de la cuisine consistant surtout dans le caractère individuel de l'assaisonnement par chaque ménagère, la cuisson en commun d'un quintal de pommes de terre n'empêcherait pas les ménagères de les assaisonner chacune à sa façon. Et nous savons qu'avec du bouillon gras on peut faire cent soupes différentes pour satisfaire cent goûts différents.

Nous savons tout cela, et cependant nous affirmons que personne n'a le droit de forcer la ménagère à prendre au magasin communal ses pommes de terre toutes cuites, si elle préfère les cuire elle-même dans *sa* marmite, sur *son* feu. Et surtout nous voulons que chacun puisse consommer sa nourriture comme il l'entend, dans le sein de sa famille, ou avec ses amis, ou même au restaurant, s'il le préfère.

Certainement de grandes cuisines surgiront au lieu et place des restaurants où l'on empoisonne le monde aujourd'hui. La Parisienne est déjà accoutumée à prendre du bouillon chez le boucher pour en faire une soupe à son goût, et la ménagère de Londres sait qu'elle peut faire rôtir sa viande et même son *pie* aux pommes ou à la rhubarbe chez le boulanger, moyennant quelques sous, économisant ainsi son temps et son charbon. Et lorsque la cuisine commune — le four banal de l'avenir — ne sera plus un lieu de fraude, de falsification et d'empoisonnement, l'habitude viendra de s'adresser à ce four pour avoir les parties fondamentales du repas toutes prêtes, — quitte à leur donner la dernière touche, chacun selon son goût.

Mais, en faire une loi, s'imposer le devoir de prendre sa nourriture toute cuite, — ce serait aussi répugnant à l'homme du dix-neuvième siècle que les idées de couvent ou de caserne, idées malsaines nées dans des cerveaux pervertis par le commandement, ou déformés par une éducation religieuse.

Qui aura droit aux denrées de la Commune ? Ce sera certainement la première question que l'on se posera. Chaque cité répondra elle-même, et nous sommes persuadés que les réponses seront toutes dictées par le sentiment de justice. Tant que les travaux ne sont pas organisés, tant qu'on est en période d'effervescence et qu'il est impossible de distinguer entre le fainéant paresseux et le désœuvré involontaire, les denrées disponibles doivent être pour tous, sans aucune exception. Ceux qui auront résisté l'arme au bras à la victoire populaire, ou conspiré contre elle s'empresseront eux-mêmes de libérer de leur présence le territoire insurgé. Mais il nous semble que le peuple, toujours ennemi des représailles et magnanime, partagera le pain avec tous ceux qui seront restés dans son sein, qu'ils soient expropriateurs ou expropriés. En s'inspirant de cette idée, la Révolution n'aura rien perdu ; et lorsque le travail aura repris, on verra les combattants de la veille se rencontrer dans le même atelier. Dans une société où le travail sera libre, il n'y aura pas à craindre les fainéants.

— « Mais les vivres manqueront au bout d'un mois », nous crient déjà les critiques.

Tant mieux! répondons-nous, cela prouvera que pour la première fois de sa vie le prolétaire aura mangé à sa faim. Quant aux moyens de remplacer ce qui aura été consommé, — c'est précisément cette question que nous allons aborder.

V

Par quels moyens, en effet, une cité, en pleine révolution sociale, pourrait-elle pourvoir à son alimentation?

Nous allons répondre à cette question; mais il est évident que les procédés auxquels on aura recours dépendront du caractère de la révolution dans les provinces, ainsi que chez les nations voisines. Si toute la nation, ou encore mieux toute l'Europe, pouvait en une seule fois faire la révolution sociale et se lancer en plein communisme, on agirait en conséquence. Mais si quelques communes seulement en Europe font l'essai du communisme, il faudra choisir d'autres procédés. Telle situation, tels moyens.

Nous voilà donc amenés, avant d'aller plus loin, à jeter un coup d'œil sur l'Europe et, sans prétendre prophétiser, nous devons voir quelle serait la marche de la Révolution, au moins dans ses traits essentiels.

Certainement, il est très désirable que toute l'Europe se soulève à la fois, que partout on exproprie, et que partout on s'inspire des principes communistes. Un pareil soulèvement faciliterait singulièrement la tâche de notre siècle.

Mais tout porte à croire qu'il n'en sera pas ainsi. Que la révolution embrase l'Europe, — nous n'en doutons pas. Si l'une des quatre grandes capitales du continent — Paris, Vienne, Bruxelles, ou Berlin — se soulève et renverse son gouvernement, il est presque certain que les trois autres en feront autant à quelques semaines de distance. Il est aussi fort probable que dans les péninsules, et même à Londres et à Pétersbourg, la révolution ne se fera pas attendre. Mais le caractère qu'elle prendra sera-t-il partout le même? — il est permis d'en douter.

Plus que probablement il y aura partout des actes d'expropriation accomplis sur une plus ou moins vaste échelle, et ces actes pratiqués par une des grandes nations européennes exerceront leur influence sur toutes les autres. Mais les débuts de la révolution offriront de grandes différences locales, et son développement ne sera pas toujours identique dans les divers pays. En 1789-1793, les paysans français mirent quatre années à abolir définitivement le rachat des droits féodaux, et les bourgeois à renverser la royauté. Ne l'oublions pas, et attendons-nous à voir la révolution mettre un certain temps à se développer. Soyons prêts à ne pas la voir marcher partout du même pas.

Quant à prendre chez toutes les nations européennes un caractère franchement socialiste, surtout dès le début, c'est encore douteux. Rappelons-nous que l'Allemagne est encore en plein empire unitaire, et que ses partis avancés rêvent la république jacobine de 1848 et « l'organisation du travail » de Louis Blanc ; tandis que le peuple français veut tout au moins la Commune libre, si ce n'est la Commune communiste.

Que l'Allemagne aille plus loin que la France, lors de la prochaine révolution, tout porte à le croire. La France, en faisant sa révolution bourgeoise, au dix-huitième siècle, est allée plus loin que l'Angleterre au dix-septième ; en même temps que le pouvoir royal, elle abolit le pouvoir de l'aristocratie foncière, qui est encore une force puissante chez les Anglais. Mais si l'Allemagne va plus loin et fait mieux que la France de 1848, certainement l'idée qui inspirera les débuts de sa révolution sera celle de 1848, comme l'idée qui inspirera la révolution en Russie sera celle de 1789, modifiée jusqu'à un certain point par le mouvement intellectuel de notre siècle.

Sans attacher, d'ailleurs, à ces prévisions plus d'importance qu'elles ne méritent, nous pouvons ne conclure ceci : la Révolution prendra un caractère différent chez les diverses nations de l'Europe ; le niveau atteint par rapport à la socialisation des produits ne sera pas le même.

S'en suit-il que les nations plus avancées doivent mesurer leur pas sur les nations en retard, comme on l'a dit quelquefois ? Attendre que la révolution communiste ait mûri chez toutes les nations civilisées ? — Évidemment non ! Le voudrait-on, d'ailleurs, ce serait impossible : l'histoire n'attend pas les retardataires.

D'autre part, nous ne croyons pas que dans un seul et même pays la révolution se fasse avec l'ensemble que rêvent quelques socialistes. Il est fort probable que si l'une des cinq ou six grandes villes de France — Paris, Lyon, Marseille, Lille, Saint-Etienne, Bordeaux — proclame la Commune, les autres suivront son exemple, et que plusieurs villes moins populeuses en feront autant. Probablement aussi plusieurs bassins miniers, ainsi que certains centres industriels, ne tarderont pas à licencier leurs patrons et à se constituer en groupements libres.

Mais beaucoup de campagnes n'en sont pas encore là : à côté des communes insurgées, elles resteront dans l'expectative et continueront à vivre sous le régime individualiste. Ne voyant l'huissier ni le percepteur venir réclamer les impôts, les paysans ne seront pas hostiles aux insurgés ; tout en profitant de la situation, ils attendront pour régler leurs comptes avec les exploiteurs locaux. Mais, avec cet esprit pratique qui caractérisa toujours les soulèvements agraires (souvenons-nous du labour passionné de 1792) ils s'acharneront à cultiver la terre qu'ils aimeront d'autant plus qu'elle sera dégrevée d'impôts et d'hypothèques.

Quant à l'extérieur, ce sera partout la révolution. Mais la révolution sous des aspects variés. Unitaire ici, là fédéraliste, partout socialiste plus ou moins. Rien d'uniforme.

VI

Mais revenons à notre cité révoltée, et voyons dans quelles conditions elle devra pourvoir à son entretien.

Où prendre les denrées nécessaires, si la nation entière n'a pas encore accepté le communisme ? Telle est la question qui se pose.

Prenons une grande ville française, la capitale, si l'on veut. Paris consomme chaque année des millions de quintaux de céréales, 350,000 bœufs et vaches, 200,000 veaux, 300,000 porcs, et plus de deux millions de moutons, sans compter les animaux abattus. Il faut encore à ce Paris quelque chose comme huit millions de kilos de beurre et 172 millions d'œufs, et tout le reste dans les mêmes proportions.

Les farines et les céréales arrivent des Etats-Unis, de Russie, de Hongrie, d'Italie, d'Egypte, des Indes. Le bétail est amené d'Allemagne, d'Italie, d'Espagne, — voire même de Roumanie et de Russie. Quant à l'épicerie, il n'y a pas un pays au monde qui ne soit mis à contribution.

Voyons d'abord comment on pourrait s'arranger pour ravitailler Paris, ou toute autre grande cité, des produits qui se cultivent dans les campagnes françaises, et que les agriculteurs ne demandent pas mieux que de livrer à la consommation.

Pour les autoritaires, la question n'offre aucune difficulté. Ils introduiraient d'abord un gouvernement fortement centralisé, armé de tous les organes de coercition : police, armée, guillotine. Ce gouvernement ferait faire la statistique de tout ce qui se récolte en France ; il diviserait le pays en un certain nombre d'arrondissements d'alimentation, et il *ordonnerait* que telle denrée, en telle quantité, soit transportée en tel endroit, livrée tel jour, à telle station, reçue tel jour par tel fonctionnaire, emmagasinée dans tel magasin, et ainsi de suite.

Eh bien, nous affirmons en pleine conviction que non seulement une pareille solution ne serait pas désirable ; mais qu'en outre elle ne pourrait jamais être mise en pratique. Elle est pure utopie.

On peut rêver un pareil état de choses, plume en main ; mais en pratique, cela devient matériellement impossible ; il faudrait compter sans l'esprit d'indépendance de l'humanité. Ce serait l'insurrection générale : trois ou quatre Vendées au lieu d'une, la guerre des villages contre les villes, la France entière insurgée contre la cité qui oserait imposer ce régime.

Assez d'utopies jacobines ! Voyons si on ne peut pas s'organiser autrement.

En 1793, la campagne affama les grandes villes et tua la Révolution. Il est prouvé cependant que la production des céréales en France n'avait pas diminué en 1792-93 ; tout porte même à croire qu'elle avait augmenté. Mais, après avoir pris possession d'une bonne partie des terres seigneuriales, après avoir récolté sur ces terres, les bourgeois campagnards ne voulurent pas vendre leur blé pour des assignats. Ils le gardaient, en attendant la hausse des prix ou la monnaie d'or. Et ni les mesures les plus rigoureuses des Conventionnels pour *forcer* les accapareurs à vendre le blé, ni les exécutions n'eurent raison de la grève. On sait cependant, que les commissaires de la Convention ne se gênaient pas pour guillotiner les accapareurs, ni le peuple pour les accrocher aux lanternes; et cependant le blé restait dans les magasins, et le peuple des villes souffrait de la famine.

Mais qu'offrait-on aux cultivateurs des campagnes en échange de leurs rudes travaux ?

— Des assignats ! Des chiffons de papier dont la valeur tombait tous les jours ; des billets portant cinq cents livres en caractères imprimés, mais sans valeur réelle. Pour un billet de mille livres on ne pouvait plus acheter une paire de bottes; et le paysan — cela se comprend — ne tenait nullement à échanger une année de labeur contre un morceau de papier qui ne lui aurait même pas permis d'acheter une blouse.

Et tant qu'on offrira au cultivateur du sol un morceau de papier sans valeur,— qu'il s'appelle assignat ou « bon de travail», — il en sera de même. Les denrées resteront à la campagne : la ville ne les aura pas, dût-on recourir de nouveau à la guillotine et aux noyades.

Ce qu'il faut offrir au paysan, ce n'est pas du papier, mais la marchandise dont il a besoin immédiatement. C'est la machine dont il se prive maintenant, à contre-cœur ; c'est le vêtement, un vêtement, qui le garantisse des intempéries. C'est la lampe et le pétrole qui remplace son lumignon ; la bêche, le râteau, la charrue. C'est enfin tout ce que le paysan se refuse aujourd'hui, — non pas qu'il n'en sente le besoin, — mais parce que dans son existence de privations et de labeur exténuant, mille objets utiles lui sont inaccessibles à cause de leur prix.

Que la ville s'applique sur-le-champ à produire ces choses qui manquent au paysan, au lieu de façonner des colifichets pour l'ornement des bourgeoises. Que les machines à coudre de Paris confectionnent des vêtements de travail et du dimanche pour la campagne, au lieu de faire des trousseaux de noce, que l'usine fabrique des machines agricoles, des bêches et des râteaux, au lieu d'attendre que les Anglais nous en envoient en échange de notre vin !

Que la ville expédie aux villages, non des commissaires, ceints d'écharpes rouges ou multicolores, signifiant au paysan le décret de porter ses denrées à tel endroit ; mais qu'elle les fasse visiter par des amis, des frères disant : « Apportez-nous vos produits — et prenez dans nos magasins toutes les choses manufacturées qui vous plairont ». Et alors les denrées afflueront de toutes parts. Le paysan gardera ce qu'il lui faut pour vivre, mais il enverra le reste aux travailleurs des villes, dans lesquels — *pour la première fois dans le cours de l'histoire* — il verra des frères et non des exploiteurs.

On nous dira, peut-être, que cela demande une transformation complète de l'industrie ?— Certainement, oui, pour certaines branches. Mais il y en a mille autres qui pourront se modifier rapidement, de manière à fournir aux paysans le vêtement, la montre, l'ameublement, les ustensiles et les machines simples que la ville lui fait payer si cher en ce moment. Tisserands, tailleurs, fabricants de chaussures, quincailliers, ébénistes et tant d'autres ne trouveront aucune difficulté à laisser la production de luxe pour le travail d'utilité. Il faut seulement que l'on se pénètre bien de la nécessité de cette transformation, qu'on la considère comme un acte de justice et de progrès, qu'on ne se leurre plus de ce rêve si cher aux théoriciens — que la révolution doit se borner à une prise de possession de la plus-value, et que la production et le commerce peuvent rester ce qu'ils sont de nos jours.

Là est, selon nous, toute la question. Offrir au cultivateur en échange de ses produits, non pas des bouts de papier, quelle qu'en soit l'inscription, mais *les objets mêmes* de consommation dont le cultivateur a besoin. Si cela se fait, les denrées afflueront vers les cités. Si cela n'est pas fait, nous aurons la disette dans les villes et toutes ses conséquences, la réaction et l'écrasement.

VII

Toutes les grandes villes, nous l'avons dit, achètent leur blé, leurs farines, leur viande, non seulement dans les départements, mais encore à l'extérieur. L'étranger envoie à Paris les épices, le poisson et les comestibles de luxe, des quantités considérables de blé et de viande.

Mais, en Révolution, il ne faudra plus compter sur l'étranger ou y compter le moins possible. Si le blé russe, le riz d'Italie ou des Indes et les vins d'Espagne et de Hongrie affluent aujourd'hui sur les marchés de l'Europe occidentale, ce n'est pas que les pays expéditeurs en possèdent trop, ou que ces produits y poussent d'eux-mêmes, comme le pissenlit dans les prés. En Russie, par exemple, le paysan travaille jusqu'à seize heures par jour, et jeûne de trois à six mois chaque année afin d'exporter le blé avec lequel il paie le seigneur et l'Etat. Aujourd'hui, la police se montre dans les villages russes dès que la récolte est faite et vend la dernière vache, le dernier cheval de l'agriculteur, pour arriérés d'impôts et de rentes aux seigneurs, quand le paysan ne s'exécute pas de bonne grâce en vendant le blé aux exporteurs. Si bien qu'il garde seulement pour neuf mois de blé et vend le reste, afin que sa vache ne soit pas vendue quinze francs. Pour vivre jusqu'à la récolte prochaine, trois mois quand l'année a été bonne, six quand elle a été mauvaise, il mêle de l'écorce de bouleau ou de la graine d'arroche à sa farine, tandis que l'on savoure à Londres les biscuits faits avec son froment.

Mais dès que la révolution viendra, le cultivateur russe gardera le pain pour lui et ses enfants. Les paysans italiens et hongrois feront de même; espérons aussi que l'Hindou profitera de ces bons exemples, ainsi que les travailleurs des *Bonanza-farms* en Amérique, à moins que ces domaines ne soient déjà désorganisés par la crise. Il ne faudra donc plus compter sur les apports de blé et de maïs venant de l'extérieur.

Toute notre civilisation bourgeoise étant basée sur l'exploitation des races inférieures et des pays arriérés en industrie, le premier bienfait de la révolution sera déjà de menacer cette « civilisation » en permettant aux races dites inférieures de s'émanciper. Mais cet immense bienfait se traduira par une diminution certaine et considérable des apports de denrées affluant vers les grandes villes de l'Occident.

Pour l'intérieur il est plus difficile de prévoir la marche des affaires.

D'une part le cultivateur profitera certainement de la Révolution pour redresser son dos courbé sur le sol. Au lieu de quatorze à seize heures qu'il travaille aujourd'hui, il aura raison de n'en travailler que la moitié, ce qui pourra avoir pour conséquence l'abaissement de la production des denrées principales, blé et viande.

Mais, d'autre part, il y aura augmentation de la production, dès que le cultivateur ne sera plus forcé de travailler pour nourrir les oisifs. De nouveaux espaces de terrain seront défrichés ; des machines plus parfaites seront mises en train. — « Jamais labour ne fut si vigoureux que celui de 1792 », lorsque le paysan eut repris aux seigneurs la terre qu'il convoitait depuis si longtemps, — nous dit Michelet, en parlant de la Grande Révolution.

Sous peu, la culture intensive deviendra accessible à chaque cultivateur, lorsque la machine perfectionnée et les engrais chimiques et autres seront mis à la portée de la communauté. Mais tout porte à croire qu'aux débuts il pourra y avoir diminution dans la production agricole en France, aussi bien qu'ailleurs.

Le plus sage, en tout cas, serait de tabler sur une diminution des apports, aussi bien de l'intérieur que de l'étranger.

Comment suppléer à ce vide ?

Parbleu ! se mettre soi-même à le remplir. Inutile

de chercher midi à quatorze heures, quand la solution est simple.

Il faut que les grandes villes cultivent la terre, aussi bien que le font les campagnes. Il faut revenir à ce que la biologie appellerait « l'intégration des fonctions ». Après avoir divisé le travail, il faut « intégrer » : c'est la marche suivie dans toute la Nature.

D'ailleurs, — philosophie à part — on y sera amené de par la force des choses. Que Paris s'aperçoive qu'au bout de huit mois il va se trouver à court de blé, — et Paris le cultivera.

La terre ? elle ne manque pas. C'est surtout autour des grandes villes, — de Paris surtout — que se groupent les parcs et pelousses des seigneurs, ces millions d'hectares qui n'attendent que le labeur intelligent du cultivateur pour entourer Paris de plaines autrement fertiles, autrement productives que les steppes couvertes d'humus, mais desséchées par le soleil, du midi de la Russie.

Les bras ? Mais à quoi voulez-vous que les deux millions de Parisiens et de Parisiennes s'appliquent quand ils n'auront plus à habiller et à amuser les princes russes, les boyards roumains et les dames de la finance de Berlin ?

Disposant de tout le machinisme du siècle ; disposant de l'intelligence et du savoir technique du travailleur fait à l'usage de l'outil perfectionné ; ayant à leur service les inventeurs, les chimistes et les botanistes, les professeurs du jardin des Plantes, les maraîchers de Gennevilliers, ainsi que l'outillage nécessaire pour multiplier les machines et en essayer de nouvelles ; ayant enfin l'esprit organisateur du peuple de Paris, sa gaieté de cœur, son entrain, —

l'agriculture de la Commune anarchiste de Paris sera tout autre que celle des piocheurs de l'Ardenne.

La vapeur, l'électricité, la chaleur du soleil et la force du vent seraient bientôt mises en réquisition. La piocheuse et l'épierreuse à vapeur auraient vite fait le gros travail de préparation, et la terre, attendrie et enrichie, n'attendrait que les soins intelligents de l'homme, et surtout de la femme, pour se couvrir de plantes bien soignées se renouvelant trois, quatre fois par année.

Apprenant l'horticulture avec les hommes du métier ; essayant sur des coins réservés mille moyens divers de culture ; rivalisant entre eux pour atteindre les meilleures récoltes ; retrouvant dans l'exercice physique, sans exténuation, ni sur-travail, les forces qui leur manquent si souvent dans les grandes villes — hommes, femmes et enfants seraient heureux de s'appliquer à ce labeur des champs qui cessera d'être un travail de forçat et deviendra un plaisir, une fête, un renouveau de l'être humain.

— « Il n'y a pas de terres infertiles ! La terre vaut ce que vaut l'homme ! » voilà le dernier mot de l'agriculture moderne. La terre donne ce qu'on lui demande : il s'agit seulement de le lui demander intelligemment.

Un territoire, fût-il aussi petit que les deux départements de la Seine et de Seine-et-Oise, et eût-il à nourrir une grande ville comme Paris, suffirait pratiquement pour combler les vides que la Révolution pourrait faire autour de lui.

La combinaison de l'agriculture avec l'industrie, l'homme agriculteur et industriel en même temps, c'est à quoi nous amènera nécessairement la Commune communiste, si elle se lance franchement dans la voie de l'expropriation.

Qu'elle aborde seulement cet avenir : ce n'est pas par la famine qu'elle périra ! Le danger n'est pas là : il est dans la couardise d'esprit, dans les préjugés, dans les demi-mesures.

Le danger est là où le voyait Danton, lorsqu'il criait à la France : « De l'audace, de l'audace et encore de l'audace ! » surtout de l'audace intellectuelle, que ne manquera pas de suivre aussitôt l'audace de la volonté.

LE LOGEMENT

I

Ceux qui suivent avec attention le mouvement des esprits chez les travailleurs ont dû remarquer qu'insensiblement l'accord s'établit sur une importante question, celle du logement. Il y a un fait certain : dans les grandes villes de France, et dans beaucoup de petites, les travailleurs arrivent peu à peu à la conclusion que les maisons habitées ne sont nullement la propriété de ceux que l'Etat reconnaît comme leurs propriétaires.

C'est une évolution qui s'accomplit dans les esprits, et on ne fera plus croire au peuple que le droit de propriété sur les maisons soit juste.

La maison n'a pas été bâtie par le propriétaire ; elle a été construite, décorée, tapissée par des centaines de travailleurs que la faim a poussés dans les chantiers, que le besoin de vivre a réduits à accepter un salaire rogné.

L'argent dépensé par le prétendu propriétaire n'était pas un produit de son propre travail. Il l'avait accumulé, comme toutes les richesses, en payant aux travailleurs les deux tiers, ou la moitié seulement, de ce qui leur était dû.

Enfin — et c'est surtout ici que l'énormité saute aux yeux — la maison doit sa valeur actuelle au profit que le propriétaire pourra en tirer. Or, ce profit sera dû à cette circonstance que la maison est bâtie dans une ville pavée, éclairée au gaz, en communication régulière avec d'autres villes, et réunissant dans son sein des établissements d'industrie, de commerce, de science, d'art; que cette ville est ornée de ponts, de quais, de monuments d'architecture, offrant à l'habitant mille conforts et mille agréments inconnus au village; que vingt, trente générations ont travaillé à la rendre habitable, à l'assainir et l'embellir.

La valeur d'une maison dans certains quartiers de Paris est d'un million, non pas qu'elle contienne pour un million de travail dans ses murs ; mais parce qu'elle est à Paris ; parce que, depuis des siècles, les ouvriers, les artistes, les penseurs, les savants et les littérateurs ont contribué à faire de Paris ce qu'il est aujourd'hui : un centre industriel, commercial, politique, artistique et scientifique ; parce qu'il a un passé ; parce que ses rues sont connues, grâce à la littérature, en province comme à l'étranger ; parce qu'il est un produit du travail de dix-huit siècles, d'une cinquantaine de générations de toute la nation française.

Qui donc a le droit de s'approprier la plus infime

partie de ce terrain ou le dernier des bâtiments, sans commettre une criante injustice? Qui donc a le droit de vendre à qui que ce soit la moindre parcelle du patrimoine commun?

Là-dessus, disons-nous, l'accord s'établit entre travailleurs. L'idée du logement gratuit s'est bien manifestée pendant le siège de Paris, lorsqu'on demandait la remise pure et simple des termes réclamés par les propriétaires. Elle s'est manifestée encore pendant la Commune de 1871, lorsque le Paris ouvrier attendait du Conseil de la Commune une décision virile sur l'abolition des loyers. Ce sera encore la première préoccupation du pauvre quand la Révolution aura éclaté.

En révolution ou non, il faut au travailleur un abri, un logement. Mais, si mauvais, si insalubre qu'il soit, il y a toujours un propriétaire qui peut vous en expulser. Il est vrai qu'en révolution le propriétaire ne trouvera pas d'huissier ou d'argousins pour jeter vos hardes dans la rue. Mais, qui sait si demain le nouveau gouvernement, tout révolutionnaire qu'il se prétende, ne reconstituera pas la force et ne lancera pas contre vous la meute policière! On a bien vu la Commune proclamant la remise des termes dus jusqu'au 1er avril, — mais jusqu'au 1er avril seulement![1] Après quoi il aurait fallu payer, lors même que Paris était sens dessus dessous, que l'industrie chômait, et que le révolutionnaire n'avait pour toute ressource que ses trente sous!

Il faut cependant que le travailleur sache qu'en ne

1. Décret du 30 mars; par ce décret remise était faite des termes d'octobre 1870, de janvier et d'avril 1871.

payant pas le propriétaire, il ne profite pas seulement d'une désorganisation du pouvoir. Il faut qu'il sache que la gratuité du logement est reconnue en principe et sanctionnée, pour ainsi dire, par l'assentiment populaire ; que le logement gratuit est un droit, proclamé hautement par le peuple.

Eh bien, allons-nous attendre que cette mesure, répondant si bien au sentiment de justice de tout honnête homme, soit prise par les socialistes qui se trouveraient mêlés aux bourgeois dans un gouvernement provisoire ? Nous attendrions longtemps, — jusqu'au retour de la réaction !

Voilà pourquoi, en refusant écharpe et képi — signes de commandement et d'asservissement, — en restant peuple parmi le peuple, les révolutionnaires sincères travailleront avec le peuple à ce que l'expropriation des maisons devienne un fait accompli. Ils travailleront à créer un courant d'idées dans cette direction ; ils travailleront à mettre ces idées en pratique, et quand elles seront mûries, le peuple procédera à l'expropriation des maisons, sans prêter l'oreille aux théories, qu'on ne manquera pas de lui lancer dans les jambes, sur les dédommagements à payer aux propriétaires, et autres billevesées.

Le jour où l'expropriation des maisons sera faite, l'exploité, le travailleur auront compris que des temps nouveaux sont arrivés, qu'ils ne resteront plus l'échine courbée devant les riches et les puissants, que l'Egalité s'est affirmée au grand jour, que la Révolution est un fait accompli et non un coup de théâtre comme on n'en a déjà vu que trop.

II

Si l'idée de l'expropriation devient populaire, la mise en exécution ne se heurtera nullement aux obstacles insurmontables dont on aime à nous menacer.

Certainement, les messieurs galonnés qui auront occupé les fauteuils vacants des ministères et de l'Hôtel de ville ne manqueront pas d'accumuler les obstacles. Ils parleront d'accorder des indemnités aux propriétaires, de dresser des statistiques, d'élaborer de longs rapports, — si longs qu'ils pourraient durer jusqu'au moment où le peuple, écrasé par la misère du chômage, ne voyant rien venir et perdant sa foi dans la Révolution, laisserait le champ libre aux réactionnaires, et finiraient par rendre l'expropriation bureaucratique odieuse à tout le monde.

En cela, il y a, en effet, un écueil sur lequel tout pourrait sombrer. Mais si le peuple ne se rend pas aux faux raisonnements dont on cherchera à l'éblouir; s'il comprend qu'une vie nouvelle demande des procédés nouveaux, et s'il prend lui-même la besogne entre ses mains, — alors l'expropriation pourra se faire sans grandes difficultés.

— « Mais comment? Comment pourrait-elle se faire? » nous demandera-t-on. — Nous allons le dire, mais avec une réserve. Il nous répugne de tracer dans leurs moindres détails des plans d'expropriation. Nous savons d'avance que tout ce qu'un homme, ou un groupe, peuvent suggérer aujourd'hui sera dépassé par la vie humaine. Celle-ci, nous l'avons dit, fera mieux, et plus simplement que tout ce que l'on pourrait lui dicter d'avance.

Aussi, en esquissant la méthode suivant laquelle l'expropriation et la répartition des richesses expropriées *pourraient* se faire sans l'intervention du gouvernement, nous ne voulons que répondre à ceux qui déclarent la chose impossible. Mais nous tenons à rappeler que, d'aucune façon, nous ne prétendons préconiser telle ou telle manière de s'organiser. Ce qui nous importe, c'est de démontrer seulement que l'expropriation *peut* se faire par l'initiative populaire, et *ne peut pas* se faire autrement.

Il est à prévoir que dès les premiers actes d'expropriation, il surgira dans le quartier, la rue, le pâté de maisons, des groupes de citoyens de bonne volonté qui viendront offrir leurs services pour s'enquérir du nombre des appartements vides, des appartements encombrés par des familles nombreuses, des logements insalubres et des maisons qui, trop spacieuses pour leurs occupants, pourraient être occupées par ceux qui manquent d'air dans leurs bicoques. En quelques jours ces volontaires dresseront pour la rue, le quartier, des listes complètes de tous les appartements, salubres et insalubres, étroits et spacieux, des logements infects et des demeures somptueuses.

Librement ils se communiqueront leurs listes, et en peu de jours ils auront des statistiques complètes. La statistique mensongère peut se fabriquer dans des bureaux; la statistique vraie, exacte, ne peut venir que de l'individu; qu'en remontant du simple au composé.

Alors, sans rien attendre de personne, ces citoyens iront probablement trouver leurs camarades qui habitent des taudis et leur diront tout simplement : « Cette fois-ci, camarades, c'est la révolution tout de bon. Venez ce soir à tel endroit. Tout le quartier y sera, on se répartira les appartements. Si vous ne tenez pas à votre masure, vous choisirez un des appartements de cinq pièces qui sont disponibles. Et lorsque vous aurez emménagé, ce sera affaire faite. Le peuple armé parlera à celui qui voudra venir vous en déloger! »

— « Mais tout le monde voudra avoir un appartement de vingt pièces ! » — nous dira-t-on.

Eh bien non, ce n'est pas vrai ! Jamais le peuple n'a demandé à avoir la lune dans un seau. Au contraire, chaque fois que nous voyons des égaux ayant à réparer une injustice, nous sommes frappés du bon sens et du sentiment de justice dont la masse est animée. A-t-on jamais vu réclamer l'impossible? A-t-on jamais vu le peuple de Paris se battre lorsqu'il allait chercher sa ration de pain ou de bois pendant les deux sièges? — On faisait queue avec une résignation que les correspondants des journaux étrangers ne cessaient d'admirer; et cependant on savait bien que les derniers venus passeraient la journée sans pain ni feu.

Certainement, il y a assez d'instincts égoïstes dans les individus isolés de nos sociétés. Nous le savons fort bien. Mais nous savons aussi que le meilleur moyen de réveiller et de nourrir ces instincts serait de confier la question des logements à un bureau quelconque. Alors, en effet, toutes les mauvaises passions se feraient jour. Ce serait à qui aurait une main puissante dans le bureau. La moindre inégalité ferait pousser des hauts cris; le moindre avantage donné à quelqu'un ferait crier aux pots-de-vin, — et pour cause!

Mais lorsque le peuple lui-même, réuni par rues, par quartiers, par arrondissements, se chargera de faire emménager les habitants des taudis dans les appartements trop spacieux des bourgeois, les menus inconvénients, les petites inégalités seront prises bien légèrement. On a rarement fait appel aux bons instincts des masses. On l'a fait cependant quelquefois pendant les révolutions, lorsqu'il s'agissait de sauver la barque qui sombrait, — et jamais on ne s'y est trompé. L'homme de peine répondait toujours à l'appel par les grands dévouements.

Il en sera de même lors de la prochaine révolution.

Malgré tout, il y aura probablement des injustices. On ne saurait les éviter. Il y a des individus dans nos sociétés qu'aucun grand événement ne fera sortir de l'ornière égoïste. Mais la question n'est pas de savoir s'il y aura des injustices ou s'il n'y en aura pas. Il s'agit de savoir comment on pourra en limiter le nombre.

Eh bien, toute l'histoire, toute l'expérience de l'humanité, aussi bien que la psychologie des sociétés, sont là pour dire que le moyen le plus équitable est de remettre la chose aux intéressés. Seuls, ils pourront, d'ailleurs, prendre en considération et régler les mille détails qui échappent nécessairement à toute répartition bureaucratique.

III

D'ailleurs, il ne s'agirait nullement de faire une répartition absolument égale des logements, mais les inconvénients que certains ménages auraient encore à subir seraient aisément réparés dans une société en voie d'expropriation.

Pourvu que les maçons, les tailleurs de pierre, — ceux du « bâtiment » en un mot, — sachent qu'ils ont leur existence assurée, ils ne demanderont pas mieux que de reprendre pour quelques heures par jour le travail auquel ils sont accoutumés. Ils aménageront tautrement les grands appartements qui nécessitaien tout un état-major de servantes. Et en quelques mois des maisons, autrement salubres que celles de nos jours, auront surgi. Et à ceux qui ne se seront pas suffisamment bien installés, la Commune anarchiste pourra dire :

« Patientez, camarades ! Des palais salubres, confortables et beaux, supérieurs à tout ce que bâtissaient les capitalistes, vont s'élever sur le sol de la cité libre. Ils seront à ceux qui en ont le plus besoin. La Commune anarchiste ne bâtit pas en vue des revenus. Les monuments qu'elle érige pour ses citoyens, produit de l'esprit collectif, serviront de modèle à l'humanité entière, — ils seront à vous ! »

Si le peuple révolté exproprie les maisons et proclame la gratuité du logement, la mise en commun des habitations et le droit de chaque famille à un logement salubre, la Révolution aura pris dès le début un caractère communiste et se sera lancée dans une voie dont on ne pourra la faire sortir de si tôt. Elle aura porté un coup mortel à la propriété individuelle.

L'expropriation des maisons porte ainsi en germe toute la révolution sociale. De la manière dont elle se fera, dépendra le caractère des événements. Ou bien nous ouvrirons une route, large, grande, au communisme anarchiste, ou bien nous resterons à patauger dans la boue de l'individualisme autoritaire.

Il est facile de prévoir les mille objections qu'on va nous faire, les unes d'ordre théorique, les autres toutes pratiques.

Puisqu'il s'agira de maintenir à tout prix l'iniquité, c'est certainement au nom de la justice qu'on parlera : — « N'est-ce pas infâme, s'écriera-t-on, que les Parisiens s'emparent pour eux des belles maisons et laissent les chaumières aux paysans ? » Mais ne nous y trompons pas. Ces partisans enragés de la justice oublient, par un tour d'esprit qui leur est propre, la criante inégalité dont ils se font les défenseurs. Ils oublient qu'à Paris même le travailleur suffoque dans un taudis, — lui, sa femme et ses enfants, — tandis que de sa fenêtre il voit le palais du riche. Ils oublient que des générations entières périssent dans les quartiers encombrés, faute d'air et de soleil, et que réparer cette injustice devrait être le premier devoir de la Révolution.

Ne nous attardons pas à ces réclamations intéressées. Nous savons que l'inégalité, qui réellement existera encore entre Paris et le village, est de celles qui se diminueront chaque jour; le village ne manquera pas de se donner des logements plus salubres que ceux d'aujourd'hui, lorsque le paysan aura cessé d'être la bête de somme du fermier, du fabricant, de l'usurier et de l'Etat. Pour éviter une injustice temporaire et réparable, faut-il maintenir l'injustice qui existe depuis des siècles ?

Les objections soi-disant pratiques ne sont pas fortes, non plus.

« Voilà, nous dira-t-on, un pauvre diable. A force de privations, il est parvenu à s'acheter une maison assez grande pour y loger sa famille. Il y est si heureux ; allez-vous aussi le jeter dans la rue ? »

— Certainement non ! Si sa maison suffit à peine à loger sa famille, — qu'il l'habite, parbleu ! qu'il cultive le jardin sous ses fenêtres ! Nos gars, au besoin, iront même lui donner un coup de main. Mais s'il a dans sa maison un appartement qu'il loue à un autre, le peuple ira trouver cet autre et lui dira : « Vous savez, camarade, que vous ne devez plus rien au vieux ? Restez dans votre appartement et ne payez plus rien : point d'huissier à craindre désormais, c'est la Sociale ! »

Et si le propriétaire occupe à lui seul vingt chambres, et que dans le quartier il y ait une mère avec cinq enfants logés dans une seule chambre, eh bien, le peuple ira voir si sur les vingt chambres il n'y en a pas qui, après quelques réparations, pourraient faire un bon petit logement à la mère aux cinq enfants. Ne sera-ce pas plus juste que de laisser la mère et les cinq gosses dans le taudis, et le monsieur à l'engrais dans le château? D'ailleurs le monsieur s'y fera bien vite ; lorsqu'il n'aura plus de servantes pour ranger ses vingt chambres, sa bourgeoise sera enchantée de se débarrasser de la moitié de son appartement.

— « Mais ce sera un bouleversement complet », vont s'écrier les défenseurs de l'ordre. « Des déménagements à n'en plus finir! Autant vaudrait jeter tout le monde dans la rue et tirer les appartements au sort ! » — Eh bien, nous sommes persuadés que si aucune espèce de gouvernement ne s'en mêle, et que si toute la transformation reste confiée aux mains des groupes surgis spontanément pour cette besogne, les déménagements seront moins nombreux que ceux qui se font dans l'espace d'une seule année par suite de la rapacité des propriétaires.

Il y a, d'abord, dans toutes les villes considérables un si grand nombre d'appartements inoccupés, qu'ils suffiraient presque à loger la plupart des habitants des taudis. Quant aux palais et aux appartements somptueux, beaucoup de familles ouvrières n'en voudraient même pas : on ne peut s'en servir s'ils ne sont entretenus par une nombreuse valetaille. Aussi, leurs occupants se verraient-ils bientôt forcés de chercher des habitations moins luxueuses, où mesdames les banquières feraient elles-mêmes la cuisine. Et, peu à peu, sans qu'il y ait à accompagner le banquier, sous escorte de piques, dans une mansarde, et l'habitant de la mansarde dans le palais du banquier, la population se répartira à l'amiable dans les logements existants, en faisant le moins de remue-ménage possible. Ne voit-on pas les communes agraires se distribuer les champs, en dérangeant si peu les possesseurs de parcelles, qu'il reste seulement à constater le bon sens et la sagacité des procédés auxquels la Commune a recours. La Commune russe, — ceci établi par des volumes d'enquêtes, — fait moins de déménagements, d'un champ à un autre, que la propriété individuelle avec ses procès plaidés devant les tribunaux. Et on veut nous faire croire que les habitants d'une grande ville européenne seraient plus bêtes ou moins organisateurs que des paysans russes ou hindous !

D'ailleurs, toute révolution implique un certain bouleversement de la vie quotidienne, et ceux qui espèrent traverser une grande crise sans que leur bourgeoise soit jamais dérangée de son pot-au-feu, risquent d'être désappointés. On peut changer de gouvernement sans que le bon bourgeois manque jamais l'heure de son dîner ; mais on ne répare pas ainsi les crimes d'une société envers ses nourriciers.

Il y aura un bouleversement, c'est certain. Seulement, il faut que ce bouleversement ne soit pas en pure perte, il faut qu'il soit réduit au minimum. Et c'est encore — ne nous lassons pas de le répéter — en s'adressant aux intéressés, et non pas à des bureaux, que l'on obtiendra la moindre somme d'inconvénients pour tout le monde.

Le peuple commet bévue sur bévue quand il a à choisir dans les urnes entre les infatués qui briguent l'honneur de le représenter et se chargent de tout faire, de tout savoir, de tout organiser. Mais quand il lui faut organiser ce qu'il connaît, ce qui le touche directement, il fait mieux que tous les bureaux possibles. Ne l'a-t-on pas vu lors de la Commune ? Et lors de la dernière grève de Londres ? Ne le voit-on pas tous les jours dans chaque commune agraire ?

LE VÊTEMENT

Si les maisons sont considérées comme patrimoine commun de la cité, et si l'on procède au rationnement des denrées, on sera forcé de faire un pas de plus. On sera amené nécessairement à considérer la question du vêtement ; et la seule solution possible sera encore de s'emparer, au nom du peuple, de tous les magasins d'habits et d'en ouvrir les portes à tous, afin que chacun puisse y prendre ce dont il a besoin. La mise en commun des vêtements, et le droit pour chacun de puiser ce qu'il lui faut dans les magasins communaux, ou de le demander aux ateliers de confection, cette solution s'imposera dès que le principe communiste aura été appliqué aux maisons et aux denrées.

Evidemment, nous n'aurons pas besoin, pour cela, de dépouiller tous les citoyens de leurs paletots, de mettre tous les habits en tas pour les tirer au sort, ainsi que le prétendent nos critiques, aussi spirituels qu'ingénieux. Chacun n'aura qu'à garder son paletot, — s'il en a un ; et il est même fort probable que s'il en a dix, personne ne prétendra les lui enlever. On préférera l'habit neuf à celui que le bourgeois aura déjà promené sur ses épaules, et il y aura assez de vêtements neufs pour ne pas réquisitionner les vieilles garde-robes.

Si nous faisions la statistique des vêtements accumulés dans les magasins des grandes cités, nous verrions probablement qu'à Paris, Lyon, Bordeaux et Marseille, il s'en trouve assez pour que la Commune puisse offrir un vêtement à chaque citoyen et à chaque citoyenne. D'ailleurs, si tout le monde n'en trouvait pas à son goût, les ateliers communaux auraient bientôt comblé les lacunes. On sait avec quelle rapidité travaillent aujourd'hui nos ateliers de confection, pourvus de machines perfectionnées et organisés pour la production sur une vaste échelle.

— « Mais tout le monde voudra avoir une pelisse en zibeline, et chaque femme demandera une robe de velours ! » s'écrient déjà nos adversaires.

Franchement, nous ne le croyons pas. Tout le monde ne préfère pas le velours, et tout le monde ne rêve pas une pelisse en zibeline. Si aujourd'hui même on proposait aux Parisiennes de choisir chacune sa robe, il y en aurait qui préféreraient une robe simple à toutes les parures fantaisistes de nos mondaines.

Les goûts varient avec les époques, et celui qui prendra le dessus au moment de la révolution sera certainement un goût de simplicité. La société, comme l'individu, a ses heures de lâcheté ; mais elle a aussi ses minutes d'héroïsme. Si misérable qu'elle soit lorsqu'elle s'embourbe, comme maintenant, dans la poursuite des intérêts mesquins et bêtement personnels, elle change d'aspect aux grandes époques. Elle a ses moments de noblesse, d'entraînement. Les hommes de cœur acquièrent l'ascendant qui est dévolu aujourd'hui aux faiseurs. Les dévouements se font jour, les grands exemples sont imités; il n'y a pas jusqu'aux égoïstes qui ne se sentent honteux de rester en arrière et, bon gré, mal gré, ne s'empressent de faire chorus avec les généreux et les vaillants.

La grande révolution de 1793 abonde en exemples de ce genre. Et c'est pendant ces crises de renouveau moral, — aussi naturel chez les sociétés que chez les individus, — que l'on voit ces élans sublimes qui permettent à l'humanité de faire un pas en avant.

Nous ne voulons pas exagérer le rôle probable de ces belles passions, et ce n'est pas sur elles que nous tablons notre idéal de société. Mais nous n'exagérons rien si nous admettons qu'elles nous aideront à traverser les premiers moments, les plus difficiles. Nous ne pouvons pas compter sur la continuité de ces dévouements dans la vie quotidienne; mais nous pouvons les attendre aux débuts, — et c'est tout ce qu'il faut. — C'est précisément lorsqu'il faudra déblayer le terrain, nettoyer le fumier accumulé par des siècles d'oppression et d'esclavage, que la société anarchiste aura besoin de ces élans de fraternité. Plus tard, elle pourra vivre sans faire appel au sacrifice, puisqu'elle aura éliminé l'oppression et créé, par cela même, une société nouvelle ouverte à tous les sentiments de solidarité.

D'ailleurs, si la révolution se fait dans l'esprit dont nous parlons, la libre initiative des individus trouvera un vaste champ d'action pour éviter les tiraillements de la part des égoïstes. Des groupes pourront surgir dans chaque rue, dans chaque quartier et se charger de pourvoir au vêtement. Ils feront l'inventaire de ce que possède la cité révoltée et connaîtront, à peu de chose près, de quelles ressources en ce genre elle dispose. Et il est fort probable que, pour le vêtement, les citoyens de la cité adopteront le même principe que pour les denrées : — « Prise au tas pour ce qui se trouve en abondance ; rationnement pour ce qui se trouve en quantité limitée. »

Ne pouvant offrir à chaque citoyen une pelisse en zibeline et à chaque citoyenne une robe de velours, la société distinguera probablement entre le superflu et le nécessaire. Et — provisoirement, du moins — elle rangera la robe de velours et la zibeline parmi les superflus, quitte à voir peut-être par la suite si ce qui est objet superflu aujourd'hui ne peut pas devenir commun demain. Tout en garantissant le nécessaire à chaque habitant de la cité anarchiste, on pourra laisser à l'activité privée le soin de procurer aux faibles et aux malades ce qui sera provisoirement considéré comme objet de luxe ; de pourvoir les moins robustes de ce qui n'entre pas dans la consommation journalière de tous.

— « Mais c'est le nivellement ! l'habit gris du moine, » nous dira-t-on. « C'est la disparition de tous les objets d'art, de tout ce qui embellit la vie ! »

— Certainement, non ! et, nous basant toujours

sur ce qui existe dejà, — nous allons montrer tout à l'heure comment une société anarchiste pourrait satisfaire aux goûts les plus artistiques de ses citoyens sans pour cela leur allouer des fortunes de millionnaires.

LES VOIES ET MOYENS

I

Qu'une société, cité ou territoire, assure à tous ses habitants le nécessaire (et nous allons voir comment la conception du nécessaire pourra s'élargir jusqu'au luxe), elle sera forcément amenée à s'emparer de tout ce qui est indispensable pour produire, c'est-à-dire du sol, des machines, des usines, des moyens de transport, etc. Elle ne manquera pas d'exproprier les détenteurs actuels du capital pour le rendre à la communauté.

En effet, ce que l'on reproche à l'organisation bourgeoise, ce n'est pas seulement que le capitaliste accapare une grande partie des bénéfices de chaque entreprise industrielle et commerciale, lui permettant de vivre sans travailler; le grief principal, comme nous l'avons déjà remarqué, est que toute la production a pris une direction absolument fausse, puisqu'elle ne se fait pas en vue d'assurer le bien-être à tous : là est sa condamnation.

Et qui plus est, il est impossible que la production marchande se fasse pour tous. Le vouloir, serait demander au capitaliste de sortir de ses attributions et de remplir une fonction qu'il *ne peut pas* remplir sans cesser d'être ce qu'il est, entrepreneur privé, poursuivant son enrichissement. L'organisation capitaliste, basée sur l'intérêt personnel de chaque entrepreneur, pris séparément, a donné à la société tout ce qu'on pouvait en espérer : elle a accru la force productive du travailleur. Profitant de la révolution opérée dans l'industrie par la vapeur, le développement soudain de la chimie et de la mécanique et les inventions du siècle, le capitaliste s'est appliqué, dans son propre intérêt, à accroître le rendement du travail humain, et il y a réussi dans une très grande mesure. Mais lui donner une autre mission serait tout à fait déraisonnable. Vouloir, par exemple, qu'il utilise ce rendement supérieur du travail dans l'intérêt de toute la société, serait lui demander de la philanthropie, de la charité, et une entreprise capitaliste ne peut pas être fondée sur la charité.

C'est à la société maintenant de généraliser cette productivité supérieure, limitée aujourd'hui à certaines industries, et de l'appliquer dans l'intérêt de tous. Mais il est évident que pour garantir à tous le bien-être, la société doit reprendre possession de tous les moyens de production.

Les économistes nous rappelleront sans doute, — ils aiment à le rappeler — le bien-être relatif d'une certaine catégorie d'ouvriers jeunes, robustes, habiles dans certaines branches spéciales de l'industrie. C'est toujours cette minorité que l'on nous désigne avec orgueil. Mais ce bien être même — apanage de quelques-uns — leur est il assuré ? Demain, l'incurie, l'imprévoyance, ou l'avidité de leurs maîtres jetteront peut-être ces privilégiés sur le pavé, et ils paieront alors par des mois et des années de gêne ou de misère la période d'aisance dont ils avaient joui. Que d'industries majeures (étoffes, fer, sucre, etc.), sans parler des industries éphémères, n'avons-nous pas vu chômer et languir, tour à tour, soit à la suite de spéculations, soit en conséquence des déplacements naturels du travail, soit enfin par l'effet de la concurrence, suscitée par les capitalistes mêmes ! Toutes les industries principales du tissage et de la mécanique ont passé récemment par cette crise : que dire alors de celles dont le caractère distinctif est la périodicité du chômage !

Que dire encore du prix auquel s'achète le bien-être relatif de quelques catégories d'ouvriers ? Car c'est bien par la ruine de l'agriculture, par l'exploitation éhontée du paysan et par la misère des masses qu'il est obtenu. En regard de cette faible minorité de travailleurs jouissant d'une certaine aisance, combien de millions d'êtres humains vivent au jour le jour, sans salaire assuré, prêts à se porter où on les demandera ; combien de paysans travailleront quatorze heures par jour pour une médiocre pitance ! Le capital dépeuple la campagne, exploite les colonies et les pays dont l'industrie est peu développée ; il condamne l'immense majorité des ouvriers à rester sans éducation technique, médiocres dans leur métier même. L'état florissant d'une industrie s'achète constamment par la ruine de dix autres.

Et ce n'est pas un accident : c'est une *nécessité* du régime capitaliste. Pour être à même de rétribuer quelques catégories d'ouvriers, il *faut* aujourd'hui que le paysan soit la bête de somme de la société ; il *faut* que la campagne soit désertée pour la ville ; il faut que les petits métiers s'agglomèrent dans les faubourgs infects des grandes cités, et fabriquent presque pour rien les mille objets de peu de valeur qui mettent les produits de la grande manufacture à la portée des acheteurs au salaire médiocre : pour que le mauvais drap puisse s'écouler en habillant des travailleurs pauvrement payés, il faut que le tailleur se contente d'un salaire de meurt-de-faim ! Il faut que les pays arriérés de l'Orient soient exploités par ceux de l'Occident pour que, dans quelques industries privilégiées, le travailleur ait, sous le régime capitaliste, une espèce d'aisance limitée.

Le mal de l'organisation actuelle n'est donc pas dans ce que la « plus-value » de la production passe au capitaliste, — ainsi que l'avaient dit Rodbertus et Marx, — rétrécissant ainsi la conception socialiste et les vues d'ensemble sur le régime du capital. — La plus-value elle-même n'est qu'une conséquence de causes plus profondes. Le mal est dans ce qu'il peut y avoir une « plus-value » quelconque, au lieu d'un simple surplus non consommé par chaque génération ; car pour qu'il y ait « plus-value », il faut que des hommes, des femmes et des enfants, soient obligés par la faim de vendre leurs forces de travail pour une partie minime de ce que ces forces produisent et, surtout, de ce qu'elles sont capables de produire.

Mais ce mal durera tant que ce qui est nécessaire à la production sera la propriété de quelques-uns seulement. Tant que l'homme sera forcé de payer un tribut au détenteur pour avoir le droit de cultiver le sol ou de mettre une machine en mouvement, et que le propriétaire sera libre de produire ce qui lui promet les plus grands bénéfices plutôt que la plus grande somme des objets nécessaires à l'existence, le bien-être ne pourra être assuré que temporairement au très petit nombre, et sera acheté chaque fois par la misère d'une partie de la société. Il ne suffit pas, en effet, de distribuer à parts égales les bénéfices qu'une industrie parvient à réaliser, si l'on doit en même temps exploiter d'autres milliers d'ouvriers. Il s'agit de *produire, avec la moindre perte possible de forces humaines, la plus grande somme possible des produits les plus nécessaires au bien-être de tous.*

Cette vue d'ensemble ne saurait être du ressort d'un propriétaire privé. Et c'est pourquoi la société tout entière, la prenant pour idéal, sera forcée d'exproprier tout ce qui sert à procurer l'aisance en produisant les richesses. Il faudra qu'elle s'empare du sol, des usines, des mines, des moyens de communication, etc., et que, en outre, elle étudie ce qu'il faut produire dans l'intérêt de tous, ainsi que les voies et moyens de production.

II

— Combien d'heures de travail par jour l'homme

devra-t-il fournir pour assurer à sa famille une riche nourriture, une maison confortable et les vêtements nécessaires? Cette question a souvent préoccupé les socialistes, et ils admettent généralement qu'il suffirait de quatre ou cinq heures par jour, — à condition, bien entendu, que tout le monde travaillât. — A la fin du siècle passé, Benjamin Franklin s'arrêtait à la limite de cinq heures ; et si les besoins de confort ont augmenté depuis, la force de production a augmenté aussi, beaucoup plus rapidement.

Dans un autre chapitre, en parlant de l'agriculture, nous verrons tout ce que la terre peut donner à l'homme qui la cultive raisonnablement, au lieu de jeter la semence au hasard sur un sol mal labouré, ainsi que cela se pratique aujourd'hui. Dans les grandes fermes de l'Ouest américain, qui couvrent des dizaines de lieues carrées, mais dont le terrain est beaucoup plus pauvre que le sol amendé des pays civilisés, on n'obtient que 12 à 18 hectolitres à l'hectare, c'est-à-dire, la moitié du rendement des fermes de l'Europe et des Etats de l'Est américain. Et cependant, grâce aux machines qui permettent à deux hommes de labourer en un jour deux hectares et demi, cent hommes en un an produisent tout ce qu'il faut pour livrer à domicile le pain de dix mille personnes pendant toute une année.

Il suffirait ainsi à un homme de travailler dans les mêmes conditions pendant trente heures, soit six *demi-journées de cinq heures chacune*, pour avoir du pain toute l'année, — et trente demi-journées pour l'assurer à une famille de cinq personnes.

Et nous prouverons aussi, par des données prises

dans la pratique actuelle, que si l'on avait recours à la culture intensive, moins de soixante demi-journées de travail pourraient assurer à toute la famille le pain, la viande, les légumes et même les fruits de luxe.

D'autre part, en étudiant les prix auxquels reviennent aujourd'hui les maisons ouvrières, bâties dans les grandes villes, on peut s'assurer que, pour avoir dans une grande ville anglaise une maisonnette séparée, comme on en bâtit pour les ouvriers, il suffirait de 1400 à 1800 journées de travail de cinq heures. Et comme une maison de ce genre dure cinquante années, au moins, il en résulte que 28 à 36 demi-journées par an procurent à la famille un logement salubre, assez élégant, et pourvu de tout le confort nécessaire, tandis qu'en louant le même logement chez un patron l'ouvrier le paie de 75 à 100 journées de travail par année.

Remarquons que ces chiffres représentent le maximum de ce que coûte aujourd'hui le logement en Angleterre, étant donnée l'organisation vicieuse de nos sociétés. En Belgique, on a bâti des cités ouvrières à bien meilleur compte. Tout considéré, on peut affirmer que dans une société bien organisée, une trentaine ou une quarantaine de demi-journées de travail par an suffisent pour garantir un logement tout à fait confortable.

Reste le vêtement. Ici le calcul est presque impossible, parce que les bénéfices réalisés sur les prix de vente par une nuée d'intermédiaires échappent à l'appréciation. Ainsi, prenez le drap, par exemple, et additionnez tous les prélèvements faits par le propriétaire du pré, le possesseur de moutons, le marchand de laine et tous leurs intermédiaires, jusqu'aux compagnies de chemins de fer, aux filateurs et aux tisseurs, marchands de confection, vendeurs et commissionnaires, et vous vous ferez une idée e ce qui se paie pour chaque vêtement à toute une nuée de bourgeois. C'est pourquoi il est absolument impossible de dire combien de journées de travail représente un pardessus que vous payez cent francs dans un grand magasin de Paris.

Ce qui est certain, c'est qu'avec les machines actuelles, on parvient à fabriquer des quantités vraiment incroyables d'étoffes.

Quelques exemples suffiront. Ainsi aux Etats-Unis, dans 751 manufactures de coton (filage et tissage), 175,000 ouvriers et ouvrières produisent 1 milliard 939 millions 400,000 mètres de cotonnades, plus une très grande quantité de filés. Les cotonnades seules donneraient une moyenne dépassant 11,000 mètres en 300 journées de travail, de neuf heures et demie chacune, soit 40 mètres de cotonnades en dix heures. En admettant qu'une famille emploie 200 mètres par année, ce qui serait beaucoup, cela équivaudrait à cinquante heures de travail ; soit, *dix demi-journées de cinq heures chacune*. Et on aurait les filés en plus, — c'est-à-dire, du fil à coudre et du fil pour tramer le drap et fabriquer des étoffes de laine mélangées de coton.

Quant aux résultats obtenus par le tissage seul, la statistique officielle des Etats-Unis nous apprend que si, en 1870, un ouvrier travaillant 13 à 14 heures par jour, faisait 9500 mètres de cotonnade blanche par an, il en tissait, treize ans plus tard (1886), 27,000 mètres en ne travaillant que 55 heures par semaine.

Même dans les cotonnades imprimées on obtenait, tissage et impression compris, 29,150 mètres pour 2,669 heures de travail par an; soit, à peu près 11 mètres à l'heure. Ainsi, pour avoir ses 200 mètres de cotons blancs et imprimés, il suffirait de travailler moins de *vingt heures par an.*

Il est bon de faire remarquer que la matière première arrive dans ces manufactures à peu près telle qu'elle vient des champs, et que la série des transformations subies par la pièce avant de se changer en étoffe se trouve achevée dans le laps de ces vingt heures. Mais pour *acheter* ces 200 mètres dans le commerce, un ouvrier bien rétribué devrait fournir, *au bas mot*, 10 à 15 journées de travail de dix heures chacune, soit 100 à 150 heures. Et quant au paysan anglais, il lui faudrait peiner un mois, ou un peu plus, pour se procurer ce luxe.

On voit déjà par cet exemple qu'avec cinquante demi-journées de travail par an on pourrait, dans une société bien organisée, se vêtir mieux que les petits bourgeois ne s'habillent aujourd'hui.

Mais, avec tout cela, il ne nous a fallu que soixante demi-journées de cinq heures de travail pour nous procurer les produits de la terre, quarante pour l'habitation et cinquante pour le vêtement, ce qui ne fait encore que la moitié de l'année, puisque, en déduisant les fêtes, l'année représente trois cents journées de travail.

Restent encore cent cinquante demi-journées ouvrables dont on pourrait se servir pour les autres nécessités de la vie : vin, sucre, café ou thé, meubles, transports, etc., etc.

Il est évident que ces calculs sont approximatifs, mais ils peuvent être aussi confirmés d'une autre manière. Lorsque nous comptons, dans les nations policées, ceux qui ne produisent rien, ceux qui travaillent dans des industries nuisibles, condamnées à disparaître, ceux enfin qui se placent en intermédiaires inutiles, nous constatons que dans chaque nation le nombre de producteurs proprement dits pourrait être doublé. Et si, au lieu de chaque dix personnes, vingt étaient occupées à la production du nécessaire, et si la société se souciait davantage d'économiser les forces humaines, ces vingt personnes n'auraient à travailler que cinq heures par jour, sans que rien diminuât de la production. Et il suffirait de réduire le gaspillage des forces humaines au service des familles riches, ou de cette administration, qui compte un fonctionnaire sur dix habitants, et d'utiliser ces forces à augmenter la productivité de la nation, pour borner à quatre et même à trois les heures de travail, à condition, il est vrai, de se contenter de la production actuelle.

Voilà pourquoi, en nous appuyant sur les considérations que nous venons d'étudier ensemble, nous pouvons poser la conclusion suivante :

Supposez une société, comprenant plusieurs millions d'habitants engagés dans l'agriculture et une grande variété d'industries, Paris, par exemple, avec le département de Seine-et-Oise. Supposez que dans cette société, tous les enfants apprennent à travailler de leurs bras aussi bien que de leurs cerveaux. Admettez enfin que tous les adultes, sauf les femmes occupées à l'éducation des enfants, s'engagent à travailler *cinq heures par jour* de l'âge de vingt ou vingt-deux ans à celui de quarante-cinq ou cinquante, et qu'ils s'emploient à des occupations au choix, en n'importe quelle branche des travaux humains considérés comme *nécessaires.* Une pareille société pourrait en retour, garantir le bien-être à tous ses membres, — c'est-à-dire, une aisance autrement réelle que celle dont jouit aujourd'hui la bourgeoisie. — Et chaque travailleur de cette société disposerait en outre d'au moins cinq heures par jour qu'il pourrait consacrer à la science, à l'art, et aux besoins individuels qui ne rentreraient pas dans la catégorie du *nécessaire,* sauf à introduire plus tard dans cette catégorie, lorsque la productivité de l'homme augmenterait, tout ce qui est encore aujourd'hui considéré comme luxueux ou inaccessible.

LES BESOINS DE LUXE

I

L'homme n'est cependant pas un être qui puisse vivre exclusivement pour manger, boire et se procurer un gîte. Dès qu'il aura satisfait aux exigences matérielles, les besoins auxquels on pourrait attribuer un caractère artistique se produiront d'autant plus ardents. Autant d'individus, autant de désirs; et plus la société est civilisée, plus l'individualité est développée, plus ces désirs sont variés.

Aujourd'hui même on voit des hommes et des femmes se refuser le nécessaire pour acquérir telle bagatelle, pour se ménager tel plaisir, telle jouissance intellectuelle ou matérielle. Un chrétien, un ascète, peuvent réprouver ces désirs de luxe ; mais en réalité ce sont précisément ces bagatelles qui rompent la monotonie de l'existence, qui la rendent agréable.

La vie vaudrait-elle la peine d'être vécue avec tous ses chagrins inévitables, si jamais, en dehors du travail quotidien, l'homme ne pouvait se procurer un seul plaisir selon ses goûts individuels ?

Si nous voulons la révolution sociale, c'est certainement, en premier lieu, pour assurer le pain à tous ; pour métamorphoser cette société exécrable, où nous voyons chaque jour des travailleurs robustes marcher les bras ballants faute d'avoir trouvé un patron qui veuille bien les exploiter ; des femmes et des enfants rôder la nuit sans abri ; des familles entières réduites au pain sec ; des enfants, des hommes et des femmes mourir faute de soins, sinon de nourriture. C'est pour mettre fin à ces iniquités que nous nous révoltons.

Mais nous attendons autre chose de la Révolution. Nous voyons que le travailleur, forcé de lutter péniblement pour vivre, est réduit à ne jamais connaître ces hautes jouissances — les plus hautes qui soient accessibles à l'homme — de la science et, surtout, de la découverte scientifique, de l'art et surtout de la création artistique. C'est pour assurer à tout le monde ces joies, réservées aujourd'hui au petit nombre, c'est pour lui laisser le loisir, la possibilité de développer ses capacités intellectuelles, que la Révolution doit garantir à chacun le pain quotidien. Le loisir, — après le pain, — voilà le but suprême.

Certainement, aujourd'hui, lorsque des êtres humains, par centaines de mille, manquent de pain, de charbon, de vêtement et d'abri, le luxe est un crime : pour le satisfaire il faut que l'enfant du travailleur manque de pain ! Mais dans une société où tous mangeront à leur faim, les besoins de ce que nous appelons luxe aujourd'hui ne seront que plus vifs. Et, comme tous les hommes ne peuvent pas et ne doivent pas se ressembler (la variété des goûts et des besoins, est la principale garantie du progrès de l'humanité), il y aura toujours, et il est désirable qu'il y ait toujours, des hommes et des femmes dont les besoins seront au-dessus de la moyenne dans une direction quelconque.

Tout le monde ne peut pas avoir besoin d'un télescope ; car, lors même que l'instruction serait générale, il y a des personnes qui préfèrent les études microscopiques à celles du ciel étoilé. Il y en a qui aiment les statues, et d'autres les toiles des maîtres ; tel individu n'a d'autre ambition que celle de posséder un excellent piano, tandis que l'autre se contente d'une guimbarde. Le paysan décore sa chambre avec une image d'Epinal, et si son goût se développait, il voudrait avoir une belle gravure. Aujourd'hui, celui qui a des besoins artistiques ne peut les satisfaire, à moins de se trouver héritier d'une grande fortune ; mais en « travaillant ferme » et en s'appropriant un capital intellectuel qui lui permettra de prendre une profession libérale, toujours a-t-il l'*espoir* de satisfaire un jour plus ou moins ses goûts. Aussi reproche-t-on d'ordinaire à nos sociétés communistes idéales d'avoir pour unique objectif la vie matérielle de chaque individu : « Vous aurez peut-être le pain pour tous, nous dit-on, mais vous n'aurez pas dans vos magasins communaux de belles peintures, des instruments d'optique, des meubles de luxe, des parures, — bref, ces mille choses qui servent à satisfaire la variété infinie des goûts humains. — Et vous supprimez, par cela même, toute possibilité de se procurer quoi que ce soit en dehors du pain et de la viande que la Commune peut offrir à tous, et de la toile grise dont vous allez vêtir toutes vos citoyennes. »

Voilà l'objection qui se dresse devant tous les systèmes communistes — objection que les fondateurs des jeunes sociétés qui allaient s'établir dans les déserts américains, n'ont jamais su comprendre. Ils croyaient que si la communauté a pu se procurer assez de drap pour habiller tous les sociétaires, une salle de concert où les « frères » peuvent écorcher un morceau de musique, ou représenter de temps en temps une pièce de théâtre, tout est dit. Ils oubliaient que le sens artistique existe tout aussi bien chez le cultivateur que chez le bourgeois, et que si les formes du sentiment varient suivant la différence de culture, le fond en est toujours le même. Et la communauté avait beau garantir le pot-au-feu ; elle avait beau supprimer dans l'éducation tout ce qui pouvait développer l'individualité : elle avait beau imposer la Bible pour toute lecture, les goûts individuels se faisaient jour avec le mécontentement général : les petites querelles surgissaient sur la question d'acheter un piano ou des instruments de physique ; et les éléments de progrès tarissaient : la société ne pouvait vivre qu'à condition de tuer tout sentiment individuel, toute tendance artistique, tout développement.

La Commune anarchiste serait-elle entraînée dans la même voie?

— Evidemment, non! pourvu qu'elle comprenne et cherche à satisfaire toutes les manifestations de l'esprit humain en même temps qu'elle assure la production de tout ce qui est nécessaire à la vie matérielle.

II

Nous avouons franchement que lorsque nous songeons aux abîmes de misère et de souffrances qui nous entourent ; lorsque nous entendons les refrains déchirants d'ouvriers qui parcourent les rues en demandant du travail, — il nous répugne de discuter cette question : Comment fera-t-on, dans une société où tout le monde aura mangé à sa faim, pour satisfaire telle personne désireuse de posséder une porcelaine de Sèvres ou un habit de velours ?

Pour toute réponse, nous sommes tentés de dire : Assurons le pain d'abord. Quant à la porcelaine et au velours, on verra plus tard !

Mais puisqu'il faut bien reconnaître qu'en dehors des aliments, l'homme a d'autres besoins ; et puisque la force de l'Anarchie est précisément dans ce qu'elle comprend *toutes* les facultés humaines et *toutes* les passions, et n'en ignore aucune, nous allons dire en peu de mots comment on pourrait s'arranger pour satisfaire aux besoins intellectuels et artistiques de l'homme.

En travaillant cinq ou quatre heures par jour jusqu'à l'âge de 45 à 50 ans, avons-nous dit, l'homme pourrait aisément produire *tout* ce qui est nécessaire pour garantir l'aisance à la société.

Mais la journée de l'homme habitué au travail et s'attelant à une machine n'est pas de cinq heures ;

elle est de dix heures, trois cents jours par an, et toute sa vie. Ainsi est tuée la santé et s'émousse l'intelligence. Cependant quand on peut varier ses occupations, et surtout alterner le labeur manuel avec le travail intellectuel, on reste occupé volontiers, sans se fatiguer, dix et douze heures. C'est normal. L'homme qui aura fait quatre ou cinq heures de travail manuel nécessaire pour vivre, — aura encore devant lui cinq ou six heures qu'il cherchera à remplir selon ses goûts. Et ces cinq ou six heures par jour lui donneront pleine possibilité de se procurer, en s'associant à d'autres, tout ce qu'il voudra, en dehors du nécessaire assuré à tous.

Il se déchargera d'abord, soit dans les champs, soit dans les usines, du travail qu'il devra à la société pour sa part de contribution à la production générale. Et il emploiera l'autre moitié de sa journée, de sa semaine, ou de son année, à la satisfaction de ses besoins artistiques ou scientifiques.

Mille sociétés naîtront, répondant à tous les goûts et à toutes les fantaisies possibles.

Les uns, par exemple, pourront donner leurs heures de loisir à la littérature. Alors ils se formeront en groupes comprenant des écrivains, des compositeurs, des imprimeurs, des graveurs et des dessinateurs, tous poursuivant un but commun : la propagation des idées qui leur sont chères.

Aujourd'hui, l'écrivain sait qu'il y a une bête de somme, l'ouvrier, auquel il peut confier, à raison de trois ou quatre francs par jour, l'impression de ses livres, mais ne se soucie guère de savoir ce qu'est une imprimerie. Si le compositeur est empoisonné par la poussière de plomb, et si l'enfant qui sert la machine meurt d'anémie, — n'y a-t-il pas d'autres misérables pour les remplacer ?

Mais, lorsqu'il n'y aura plus de meurt de-faim prêts à vendre leurs bras pour une maigre pitance : lorsque l'exploité d'hier aura reçu l'instruction et qu'il aura *ses* idées à coucher sur le papier et à communiquer aux autres, force sera aux littérateurs et aux savants de s'associer entre eux pour imprimer leur prose ou leurs vers.

Tant que l'écrivain considérera la blouse et le travail manuel comme un indice d'infériorité, il lui semblera stupéfiant de voir un auteur composer lui-même son livre en caractères de plomb. N'a-t-il pas la salle de gymnastique ou le domino pour se délasser ? Mais lorsque l'opprobre qui s'attache au travail manuel aura disparu ; lorsque tous seront forcés d'user de leurs bras, n'ayant plus sur qui s'en décharger, oh, alors les écrivains, ainsi que leurs admirateurs et admiratrices, apprendront vite l'art de manier le composteur ou l'appareil à caractères ; ils connaîtront la jouissance de venir tous ensemble — tous appréciateurs de l'œuvre qui s'imprime — la composer et la voir sortir, la tirer, belle de sa pureté virginale, d'une machine rotative. Ces superbes machines — instruments de torture pour l'enfant qui les sert aujourd'hui du matin au soir — deviendront une source de jouissances pour ceux qui les emploieront afin de donner des voix à la pensée de leur auteur favori. .

La littérature y perdra-t-elle quelque chose ? Le poète sera-t-il moins poète après avoir travaillé dans les champs, ou collaboré de ses mains à multiplier son œuvre ? Le romancier perdra-t-il de sa connaissance du cœur humain après avoir coudoyé l'homme dans l'usine, dans la forêt, au tracé d'une route et dans l'atelier ? Poser ces questions, c'est y répondre.

Certains livres seront peut-être moins volumineux ; mais on imprimera moins de pages pour dire plus. Peut-être publiera-t-on moins de maculature ; mais ce qui sera imprimé sera mieux lu, mieux apprécié. Le livre s'adressera à un cercle plus vaste de lecteurs plus instruits, plus aptes à le juger.

D'ailleurs, l'art de l'imprimerie, qui a si peu progressé depuis Gutemberg, en est encore à son enfance. Il faut encore mettre deux heures à composer en lettres mobiles ce qui s'écrit en dix minutes, et on cherche des procédés plus expéditifs de multiplier la pensée. On les trouvera.

Ah, si chaque écrivain avait à prendre sa part dans l'impression de ses bouquins ! Quel progrès l'imprimerie aurait-elle déjà fait ! Nous n'en serions plus aux lettres mobiles du XVIIe siècle.

Est-ce un rêve que nous faisons ? — Certainement pas pour ceux qui ont observé et réfléchi. En ce moment même, la vie nous pousse déjà dans cette direction.

III

Est-ce rêver que de concevoir une société où tous étant devenus producteurs, tous recevant une instruction qui leur permette de cultiver les sciences ou les arts, et tous ayant le loisir de le faire, s'associent entre eux pour publier leurs travaux en apportant leur part de travail manuel ?

En ce moment même on compte déjà par milliers et milliers les sociétés savantes, littéraires et autres. Ces sociétés sont cependant bien des groupements volontaires, entre gens s'intéressant à telle branche du savoir, associés pour publier leurs travaux. Les auteurs qui collaborent aux recueils scientifiques ne sont pas payés. Les recueils ne se vendent pas : ils s'envoient gratuitement, dans tous les coins du globe, à d'autres sociétés, qui cultivent les mêmes branches du savoir. Certains membres de la société y insèrent une note d'une page résumant telle observation ; d'autres y publient des travaux étendus, fruits de longues années d'étude ; tandis que d'autres se bornent à les consulter comme points de départ de nouvelles recherches. Ce sont bien des associations entre auteurs et lecteurs pour la production de travaux auxquels tous prennent intérêt.

Il est vrai que la société savante — tout comme le journal d'un banquier — s'adresse à l'éditeur qui embauche des ouvriers pour faire le travail de l'impression. Des gens exerçant des professions libérales *méprisent* le travail manuel qui, en effet, s'accomplit aujourd'hui dans des conditions absolument abrutissantes. Mais une société dispensant à chacun de ses membres l'instruction large, philosophique et *scientifique*, saura organiser le travail corporel de manière à en faire l'orgueil de l'humanité ; et la société savante deviendra une association de chercheurs, d'amateurs et d'ouvriers, tous connaissant un métier domestique et tous s'intéressant à la science.

Si c'est, par exemple, la géologie qui les occupe

ils contribueront tous à explorer les couches terrestres; tous apporteront leur part de recherches. Dix mille observateurs au lieu de cent feront plus en une année qu'on en fait de nos jours en vingt ans. Et lorsqu'il s'agira de publier les divers travaux, dix mille hommes et femmes, versés dans les différents métiers, seront là, pour dresser les cartes, graver les dessins, composer le texte, l'imprimer. Joyeusement, tous ensemble, ils donneront leurs loisirs, en été à l'exploration, en hiver au travail de l'atelier. Et lorsque leurs travaux auront paru, ils ne trouveront plus cent lecteurs seulement : ils en trouveront dix mille, tous intéressés à l'œuvre commune.

C'est d'ailleurs la marche du progrès qui nous indique cette voie.

Aujourd'hui même, quand l'Angleterre a voulu se donner un grand dictionnaire de sa langue, elle n'a pas attendu qu'il naquît un Littré pour consacrer sa vie à cette œuvre. Elle a fait appel aux volontaires, et mille personnes se sont offertes spontanément et gratuitement, pour fouiller les bibliothèques, et terminer en peu d'années un travail auquel la vie entière d'un homme n'aurait pas suffi. Dans toutes les branches de l'activité intelligente, le même esprit se fait jour; et il faudrait bien peu connaître l'humanité pour ne pas deviner que l'avenir s'annonce dans ces tentatives de travail collectif, en lieu et place du travail individuel.

Pour que cette œuvre fût vraiment collective, il aurait fallu l'organiser de manière à ce que cinq mille volontaires, auteurs, imprimeurs et correcteurs eussent travaillé en commun ; mais ce pas en avant a été fait, grâce à l'initiative de la presse socialiste qui nous offre dejà des exemples de travail manuel et intellectuel combinés. Il arrive souvent de voir l'auteur d'un article l'imprimer lui-même pour les journaux de combat. L'essai est encore minime, microscopique si l'on veut : mais il montre la voie dans laquelle marchera l'avenir.

C'est la voie de la liberté. A l'avenir, lorsqu'un homme aura à dire quelque chose d'utile, une parole qui dépasse les idées de son siècle, il ne cherchera pas un éditeur qui veuille bien lui avancer le capital nécessaire. Il cherchera des collaborateurs parmi ceux qui connaîtront le métier et auront saisi la portée de l'œuvre nouvelle. Et ensemble ils publieront le livre ou le journal.

La littérature et le journalisme cesseraient alors d'être un moyen de faire fortune et de vivre aux dépens d'autrui. Y a-t-il quelqu'un qui connaisse la littérature et le journalisme et qui n'appelle de ses vœux une époque où la littérature pourra enfin s'affranchir de ceux qui la protégeaient jadis, de ceux qui l'exploitent maintenant, et de la foule qui, à part de rares exceptions, la paie en raison directe de sa banalité et de la facilité avec laquelle elle s'accommode au mauvais goût du grand nombre ?

Les lettres et la science ne prendront leur vraie place dans l'œuvre du développement humain que le jour où, libres de tout servage mercenaire, elles seront exclusivement cultivées par ceux qui les aiment et pour ceux qui les aiment.

IV

La littérature, la science et l'art doivent être servis par des volontaires. C'est à cette condition seulement qu'ils parviendront à s'affranchir du joug de l'Etat, du Capital et de la médiocrité bourgeoise qui les étouffent.

Quels moyens le savant a-t-il aujourd'hui de faire les recherches qui l'intéressent? — Demander le secours de l'Etat, qui ne peut être accordé à plus d'un aspirant sur cent et que nul n'obtiendra s'il ne s'engage ostensiblement à battre les sentiers frayés et à marcher dans les vieilles ornières! Souvenons-nous de l'Institut de France condamnant Darwin, de l'Académie de Saint-Pétersbourg repoussant Mendéléeff, et de la Société Royale de Londres refusant de publier, comme « peu scientifique » le mémoire de Joule qui contenait la détermination de l'équivalent mécanique de la chaleur[1].

C'est pourquoi toutes les grandes recherches, toutes les découvertes révolutionnant la science ont été faites en dehors des Académies et des Universités, soit par des gens assez riches pour rester indépendants, comme Darwin et Lyell, soit par des hommes qui minaient leur santé en travaillant dans la gêne et trop souvent dans la misère, faute de la-

1. Nous le savons par l'illustre savant Playfair, qui l'a raconté récemment à la mort de Joule.

boratoire, perdant un temps infini et ne pouvant se procurer les instruments ou les livres nécessaires pour continuer leurs recherches, mais persévérant contre toute espérance, et souvent même mourant à la peine. Leur nom est légion.

D'ailleurs, le système de secours accordés par l'État est si mauvais que de tout temps la science a cherché à s'en affranchir. C'est précisément pour cela que l'Europe et l'Amérique sont couvertes de milliers de sociétés savantes, organisées et maintenues par des volontaires. Quelques-unes ont pris un développement si formidable que toutes les ressources des sociétés subventionnées et toutes les richesses des banquiers ne suffiraient pas à l'achat de leurs trésors. Aucune institution gouvernementale n'est aussi riche que la Société Zoologique de Londres, qui n'est entretenue que par des cotisations volontaires.

Elle n'achète pas les animaux qui, par milliers, peuplent ses jardins : ils lui sont envoyés par d'autres sociétés et par des collectionneurs du monde entier : un jour, c'est un éléphant, don de la société zoologique de Bombay ; un autre jour c'est un hippopotame et un rhinocéros offerts par des naturalistes égyptiens, et ces magnifiques présents se renouvellent journellement arrivant sans cesse des quatre coins du globe : oiseaux, reptiles, collections d'insectes, etc. Ces envois comprennent souvent des animaux que l'on n'achèterait pas pour tout l'or du monde : tel d'entre eux fut capturé au péril de la vie, par un voyageur qui s'y est attaché comme à un enfant, et qui le donne à la Société parce qu'il est sûr de l'y voir bien soigné. Le prix d'entrée payé par les visiteurs, et ils sont innombrables, suffit à l'entretien de cette immense ménagerie.

Ce qui manque seulement au jardin zoologique de Londres et à d'autres sociétés du même genre, c'est que les contributions ne s'acquittent point par le travail volontaire; c'est que les gardiens et très nombreux employés de cet immense établissement ne soient pas reconnus comme membres de la société; c'est que d'aucuns n'aient d'autre mobile pour le devenir que pouvoir inscrire sur leurs cartes les initiales cabalistiques de F. Z. S. (membre de la Société Zoologique). En un mot ce qui fait défaut, c'est l'esprit de fraternité et de solidarité.

On peut dire pour les inventeurs en général ce que l'on a dit pour les savants. Qui ne sait au prix de quelles souffrances presque toutes les grandes inventions ont pu se faire jour! Nuits blanches, privation de pain pour la famille, manque d'outils et de matières premières pour les expériences, c'est l'histoire de presque tous ceux qui ont doté l'industrie de ce qui fait l'orgueil, le seul juste, de notre civilisation.

Mais, que faut-il pour sortir de ces conditions que tout le monde s'accorde à trouver mauvaises? On a essayé la patente et on en connaît les résultats. L'inventeur affamé la vend pour quelques francs, et celui qui n'a fait que prêter le capital empoche les bénéfices, souvent énormes, de l'invention. En outre, le brevet isole l'inventeur. Il l'oblige à tenir secrètes ses recherches, qui souvent n'aboutissent qu'à un tardif avortement; tandis que la plus simple suggestion, venant d'un autre cerveau moins absorbé par l'idée fondamentale, suffit quelquefois pour féconder l'invention, et la rendre pratique. Comme toute autorité, la patente ne fait qu'enrayer les progrès de l'industrie.

Injustice criante en théorie, — la pensée ne pouvant pas être brevetée, — le brevet, comme résultat pratique, est un des grands obstacles au développement rapide de l'invention.

Ce qu'il faut pour favoriser le génie de la découverte, c'est d'abord le réveil de la pensée; c'est l'audace de conception que toute notre éducation contribue à alanguir; c'est le savoir répandu à pleines mains, qui centuple le nombre des chercheurs; c'est enfin la conscience que l'humanité va faire un pas en avant, car c'est le plus souvent l'enthousiasme, ou quelquefois l'illusion du bien, qui a inspiré tous les grands bienfaiteurs.

La révolution sociale seule peut donner ce choc à la pensée, cette audace, ce savoir, cette conviction de travailler pour tous.

C'est alors qu'on verra de vastes usines pourvues de force motrice et d'instruments de toute sorte, d'immenses laboratoires industriels ouverts à tous les chercheurs. C'est là qu'ils viendront travailler à leur rêve après s'être acquittés de leurs devoirs envers la société; là qu'ils passeront leurs cinq à six heures de loisir; là qu'ils feront leurs expériences; là qu'ils trouveront d'autres camarades, experts en d'autres branches de l'industrie et venant étudier aussi quelque problème difficile : ils pourront s'entr'aider, s'éclairer mutuellement, faire jaillir enfin du choc des idées et de leur expérience la solution désirée. Et encore une fois, ce n'est pas un rêve! Solanoï Gorodok de Pétersbourg en a déjà donné une réalisation, partielle du moins sous le rapport technique. C'est une usine admirablement outillée et ouverte à tout le monde : on y peut disposer gratuitement des instruments et de la force motrice; le bois seul et les métaux sont comptés au prix de revient. Mais les ouvriers n'y viennent que le soir, épuisés par dix heures de travail à l'atelier. Et ils cachent soigneusement leurs inventions à tous les regards, gênés par la patente et par le Capitalisme, malédiction de la société actuelle, pierre d'achoppement dans la voie du progrès intellectuel et moral.

V

Et l'art ? De tous côtés nous arrivent des plaintes sur la décadence de l'art. Nous sommes loin, en effet, des grands maîtres de la Renaissance. La technique de l'art a fait récemment des progrès immenses; des milliers de gens, doués d'un certain talent, en cultivent toutes les branches, mais l'art semble fuir le monde civilisé! La technique progresse, mais l'inspiration, hante, moins que jamais, les ateliers des artistes.

D'où viendrait-elle, en effet? Une grande idée, seule, peut inspirer l'art. Art est dans notre idéal synonyme de création, il doit porter ses regards en avant; mais, sauf quelques rares, très rares exceptions, l'artiste de profession reste trop ignorant, trop bourgeois, pour entrevoir les horizons nouveaux.

Cette inspiration, d'ailleurs, ne peut pas sortir

des livres : elle doit être puisée dans la vie, et la société actuelle ne saurait la donner.

Les Raphaël et les Murillo peignaient à une époque où la recherche d'un idéal nouveau s'accommodait encore des vieilles traditions religieuses. Ils peignaient pour décorer les grandes églises qui, elles-mêmes, représentaient l'œuvre pieuse de plusieurs générations. La basilique, avec son aspect mystérieux, sa grandeur qui la rattachait à la vie même de la cité, pouvait inspirer le peintre. Il travaillait pour un monument populaire ; il s'adressait à une foule et en recevait en retour l'inspiration. Et il lui parlait dans le même sens que lui parlaient la nef, les piliers, les vitraux peints, les statues et les portes ornementées. Aujourd'hui, le plus grand honneur auquel le peintre aspire, c'est de voir sa toile encadrée de bois doré et accrochée dans un musée — une espèce de boutique de bric à brac, — où l'on verra, comme on voit au Prado, l'Ascension de Murillo à côté du Mendiant de Velasquez et des Chiens de Philippe II. Pauvre Velasquez et pauvre Murillo! Pauvres statues grecques qui *vivaient* dans les acropoles de leurs cités et qui étouffent aujourd'hui sous les tentures de drap rouge du Louvre!

Quand un sculpteur grec ciselait son marbre, il cherchait à rendre l'esprit et le cœur de la cité. Toutes ses passions, toutes ses traditions de gloire devaient revivre dans l'œuvre. Mais aujourd'hui, la cité *une* a cessé d'exister. Plus de communions d'idées. La ville n'est qu'un ramassis occasionnel de gens qui ne se connaissent pas, qui n'ont aucun intérêt général, sauf celui de s'enrichir aux dépens les uns des autres ; la patrie n'existe pas... Quelle patrie peuvent avoir en commun le banquier international et le chiffonnier ?

Alors seulement que telle cité, tel territoire, telle nation, ou tel groupe de nations, auront repris leur unité dans la vie sociale, l'art pourra puiser son inspiration dans l'*idée commune* de la cité ou de la fédération. Alors, l'architecte concevra le monument de la cité, qui ne sera plus ni un temple ni une prison, ni une forteresse ; alors le peintre, le sculpteur, le ciseleur, l'ornemaniste, etc. sauront où placer leurs toiles, leurs statues et leurs décorations, tous empruntant leur force d'exécution à la même source vitale, et tous marchant ensemble glorieusement vers l'avenir.

Mais jusqu'alors, l'art ne pourra que végéter.

Les meilleures toiles des peintres modernes sont encore celles qui rendent la nature, le village, la vallée, la mer avec ses dangers, la montagne avec ses splendeurs. Mais comment le peintre pourra-t-il rendre la poésie du travail des champs, s'il ne l'a que contemplée, imaginée, s'il ne l'a jamais goûtée lui-même ? S'il ne la connaît que comme un oiseau de passage connaît les pays au dessus desquels il plane dans ses migrations ? Si, dans toute la vigueur de sa belle jeunesse, il n'a pas dès l'aube suivi la charrue, s'il n'a pas goûté la jouissance d'abattre les herbes d'un large coup de faux à côté de robustes faneurs, rivalisant d'énergie avec de rieuses jeunes filles emplissant les airs de leurs chansons ? L'amour de la *terre* et de ce qui croît sur la terre ne s'acquiert pas en faisant des études au pinceau ; il ne s'acquiert qu'à son service, et sans l'aimer, comment la peindre ? Voilà pourquoi tout ce que les meilleurs peintres ont pu reproduire, en ce sens, est encore si imparfait, très souvent faux : presque toujours du sentimentalisme. La *force* n'y est pas.

Il faut avoir vu en rentrant du travail le coucher du soleil. Il faut avoir été paysan avec le paysan pour en garder les splendeurs dans l'œil.

Il faut avoir été en mer avec le pêcheur, à toute heure du jour et de la nuit, avoir pêché soi-même, lutté contre les flots, bravé la tempête et ressenti, après un rude labeur, la joie de soulever un pesant filet ou la déception de rentrer à vide, pour comprendre la poésie de la pêche. Il faut avoir passé par l'usine, connu les fatigues, les souffrances et aussi les joies du travail créateur, forgé le métal aux fulgurantes lueurs du haut fourneau ; il faut avoir senti *vivre* la machine pour savoir ce qu'est la force de l'homme et le traduire dans une œuvre d'art. Il faut enfin se plonger dans l'existence populaire pour oser la retracer.

Les œuvres de ces artistes de l'avenir qui auront vécu de la vie du peuple, comme les grands artistes du passé, ne seront pas destinées à la vente. Elles seront partie intégrante d'un tout vivant, qui sans elles ne serait pas, comme elles ne seraient pas sans lui. C'est là qu'on viendra les contempler et que leur fière et sereine beauté produira son bienfaisant effet sur les cœurs et sur les esprits.

L'art, pour se développer, doit être relié à l'industrie par mille degrés intermédiaires, en sorte qu'ils soient pour ainsi dire confondus, comme l'ont si bien et si souvent démontré Ruskin et le grand poète socialiste Morris : tout ce qui entoure l'homme, chez lui, dans la rue, à l'intérieur et à l'extérieur des monuments publics doit être d'une pure forme artistique.

Mais cela ne pourra se réaliser que dans une société où tous jouiront de l'aisance et du loisir. Alors on verra surgir des associations d'art où chacun pourra faire preuve de ses capacités; car l'art ne saurait se passer d'une infinité de travaux supplémentaires purement manuels et techniques. Ces associations artistiques se chargeront d'embellir les foyers de leurs membres, comme ont fait ces aimables volontaires, les jeunes peintres d'Edimbourg, en décorant les murs et les plafonds du grand hôpital des pauvres de la cité.

Tel peintre ou tel sculpteur qui aura produit une œuvre de sentiment personnel, toute d'intimité, l'offrira à la femme qu'il aime ou à un ami. Faite avec amour, son œuvre sera-t-elle inférieure à celles qui satisfont aujourd'hui la gloriole des bourgeois et des banquiers, parce qu'elles ont coûté beaucoup d'écus?

Il en sera de même pour toutes les jouissances que l'on cherche en dehors du néce saire. Celui qui voudra un piano à queue entrera dans l'association des fabricants d'instruments de musique. Et en lui donnant une partie de ses demi-journées de loisir, il aura bientôt le piano de ses rêves. S'il se passionne pour les études astronomiques, il rejoindra l'association des astronomes, avec ses philosophes, ses observateurs, ses calculateurs, ses artistes en instruments astronomiques, ses savants et ses amateurs, et il aura le télescope qu'il désire en fournissant une part de travail à l'œuvre commune, car c'est le gros ouvrage surtout que demande un observatoire astronomique: travaux de maçon, de menuisier, de fondeur, de mécanicien, — le dernier fini étant donné à l'instrument de précision par l artiste.

En un mot, les cinq à sept heures par jour dont chacun disposera, après avoir consacré quelques heures à la production du nécessaire, suffiraient largement pour donner satisfaction à tous les besoins de luxe, infiniment variés. Des milliers d'associations se chargeraient d'y parer. Ce qui est maintenant le privilège d'une minorité infime serait ainsi accessible à tous. Le luxe, cessant d'être l'apparat sot et criard des bourgeois, deviendrait une satisfaction artistique.

Tous n'en seraient que plus heureux. Dans le travail collectif, accompli avec gaieté de cœur pour atteindre un but désiré, — livre, œuvre d'art ou objet de luxe, — chacun trouvera le stimulant, le délassement nécessaire pour rendre la vie agréable.

En travaillant à abolir la division entre maîtres et esclaves nous travaillons au bonheur des uns et des autres, au bonheur de l'humanité.

LE TRAVAIL AGRÉABLE

I

Lorsque les socialistes affirment qu'une société, affranchie du Capital, saurait rendre le travail agréable et supprimerait toute corvée répugnante et malsaine, on leur rit au nez. Et cependant, aujourd'hui même on peut voir des progrès frappants accomplis dans cette voie; et partout où ces progrès se sont produits, les patrons n'ont qu'à se féliciter de l'économie de force obtenue de cette façon.

Il est évident que l'usine pourrait être rendue aussi saine et aussi agréable qu'un laboratoire scientifique. Et il est non moins évident qu'il y aurait tout avantage à le faire. Dans une usine spacieuse et bien aérée, le travail est meilleur; on y applique aisément les petites améliorations dont chacune représente une économie de temps et de main d'œuvre. Et si la plupart des usines restent les lieux infects et malsains que nous connaissons, c'est parce que le travailleur ne compte pour rien dans l'organisation des fabriques, et parce que le gaspillage le plus absurde des forces humaines en est le trait distinctif.

Cependant on trouve déjà, par ci par là, à l'état d'exceptions très rares, quelques usines si bien aménagées que ce serait un vrai plaisir d'y travailler, — si le labeur ne devait pas durer plus de quatre ou cinq heures par jour, bien entendu, et si chacun avait la facilité de le varier selon ses goûts.

Voici une fabrique — consacrée malheureusement aux engins de guerre — qui ne laisse rien à désirer sous le rapport de l'organisation sanitaire et intelligente. Elle occupe vingt hectares de terrain, dont quinze sont couverts de vitrages. Le pavé en briques réfractaires est aussi propre que celui d'une maisonnette de mineur, et la toiture en verre est soigneusement nettoyée par une escouade d'ouvriers qui ne font pas autre chose. On y forge des lingots d'acier pesant jusqu'à vingt tonnes, et lorsqu'on se tient à trente pas d'un immense fourneau dont les flammes ont une température de plus d'un millier de degrés, on n'en devine la présence que lorsque l'immense gueule du fourneau laisse échapper un monstre d'acier. Et ce monstre est manœuvré par trois ou quatre travailleurs seulement, qui ouvrent, tantôt ici, tantôt là, un robinet faisant mouvoir d'immenses grues par la pression de l'eau dans les tubes.

On entre, préparé à entendre le bruit assourdissant des coups de pilon, et l'on découvre qu'il n'y a pas de pilons du tout : les immenses canons de cent tonnes et les axes des vapeurs transatlantiques sont forgés à la pression hydraulique, et l'ouvrier se borne à faire tourner un robinet pour comprimer l'acier qu'on presse, au lieu de le forger, ce qui donne un métal beaucoup plus homogène, sans cassures, des pièces de n'importe quelle épaisseur.

On s'attend à un grincement infernal et l'on voit des machines qui découpent des blocs d'acier de dix mètres de longueur, sans plus de bruit qu'il n'en faut pour couper un fromage. Et quand nous exprimions notre admiration à l'ingénieur qui nous accompagnait, il répondait :

« Mais c'est une simple question d'économie ! Cette machine qui rabote l'acier nous sert déjà depuis quarante-deux ans. Elle n'aurait pas servi dix ans, si ses parties, mal ajustées ou trop faibles, se heurtaient, grinçaient et criaient à chaque coup de rabot !

« Les hauts-fourneaux ? Mais ce serait une dépense inutile que de laisser fuir la chaleur, au lieu de l'utiliser : pourquoi griller les fondeurs lorsque la chaleur perdue par rayonnement représente des tonnes de charbon ?

« Les pilons qui faisaient trembler les édifices à cinq lieues à la ronde, encore un gaspillage ! On forge mieux par la pression que par le choc, et cela coûte moins ; il y a moins de perte.

« L'espace donné à chaque établi, la clarté de l'usine, sa propreté, tout cela c'est une simple question d'économie. On travaille mieux quand on y voit clair et qu'on ne se serre pas les coudes.

« Il est vrai, ajoutait-il, que nous étions fort à l'étroit avant de venir ici. C'est que le sol coûte terriblement cher aux environs des grandes villes : les propriétaires sont si rapaces ! »

Il en est de même pour les mines. Ne serait-ce que par Zola ou par les journaux, on sait ce qu'est la mine d'aujourd'hui. Or la mine de l'avenir sera bien aérée, avec une température aussi parfaitement réglée que celle d'une chambre de travail, sans chevaux condamnés à mourir sous terre; la traction souterraine se faisant par un câble automoteur mis en mouvement à la gueule du puits; les ventilateurs seront toujours en marche, et il n'y aura jamais d'explosions. Et cette mine n'est pas un rêve; on en voit déjà en Angleterre : nous en avons visité une. Ici encore, cet aménagement est une simple question d'économie. La mine dont nous parlons, malgré son immense profondeur de 430 mètres, fournit mille tonnes de houille par jour avec 200 travailleurs seulement, soit, cinq tonnes par jour et par travailleur, tandis que la moyenne, pour les 2,000 puits de l'Angleterre, est à peine de 300 tonnes par an et par travailleur.

S'il le fallait, nous pourrions multiplier les exemples, démontrant que, pour l'organisation matérielle, le rêve de Fourrier n'était nullement une utopie.

Mais ce sujet a déjà été traité fréquemment dans les journaux socialistes et l'opinion s'est faite. La manufacture, l'usine, la mine, *peuvent* être aussi saines, aussi superbes que les meilleurs laboratoires des universités modernes; et mieux elles seront organisées sous ce rapport, plus productif sera le travail humain.

Eh bien, peut-on douter que dans une société d'égaux, où les « bras » ne seront pas forcés de se vendre à n'importe quelles conditions, le travail deviendra réellement un plaisir, un délassement? La besogne répugnante ou malsaine devra disparaître, car il est évident que dans ces conditions elle est nuisible à la société tout entière. Des esclaves pouvaient s'y livrer; l'homme libre créera de nouvelles conditions d'un travail agréable et infiniment plus productif. Les exceptions d'aujourd'hui seront la règle de demain.

Il en sera de même pour le travail domestique, dont la société se décharge aujourd'hui sur le souffre-douleur de l'Humanité, — la femme.

II

Une société régénérée par la Révolution saura faire disparaître l'esclavage domestique, — cette dernière forme de l'esclavage, — la plus tenace peut-être, parce qu'elle est aussi la plus ancienne. Seulement, elle ne s'y prendra ni de la façon rêvée par les phalanstériens, ni de la manière que s'imaginaient souvent les communistes autoritaires.

Le phalanstère répugne à des millions d'êtres humains. L'homme le moins expansif éprouve certainement le besoin de se rencontrer avec ses semblables pour un travail commun, devenu d'autant plus attrayant que l'on se sent une part de l'immense tout. Mais, il n'en est plus ainsi aux heures de loisir réservées au repos et à l'intimité. Le phalanstère, et même le familistère, n'en tiennent pas compte ; ou bien, ils cherchent à répondre à ce besoin par des groupements factices.

Le phalanstère, qui n'est en réalité qu'un immense hôtel, peut plaire aux uns, ou même à tous dans certaines périodes de leur vie, mais la grande masse préfère la vie de famille (de famille de l'avenir, bien entendu). Elle préfère l'appartement isolé, et les Normands et l'Anglo-Saxon vont même jusqu'à préférer la maisonnette de 4, 6 ou 8 chambres, dans laquelle la famille, ou l'agglomération d'amis, peuvent vivre séparément.

Le phalanstère a parfois sa raison d'être : il deviendrait haïssable s'il était la règle générale. L'isolement, alternant avec les heures passées en société, est la règle de la nature humaine. C'est pourquoi, une des plus grandes tortures de la prison est l'impossibilité de s'isoler, de même que l'isolement cellulaire devient torture à son tour, quand il n'alterne pas avec les heures de vie sociale.

Quant aux considérations d'économie que l'on fait valoir quelquefois en faveur du phalanstère, c'est de l'économie d'épicier. La grande économie, la seule raisonnable, c'est de rendre la vie agréable pour tous, parce que l'homme content de sa vie produit infiniment plus que celui qui maudit son entourage [1].

1. Il paraît que les communistes de la Jeune Icarie ont compris l'importance du libre choix dans les rapports quotidiens en dehors du travail. L'idéal des communistes religieux a toujours été le repas commun ; c'est par le repas commun que les chrétiens de la première époque manifestaient leur adhésion au christianisme. La communion en est encore le dernier vestige. Les jeunes Icariens ont rompu avec cette tradition religieuse. Ils dinent dans un salon commun, mais à de petites tables séparées, auxquelles on se place selon les attractions du moment. Les communistes d'Anama ont chacun leur maison et mangent chez eux, tout en prenant leurs provisions à volonté dans les magasins de la Commune.

D'autres socialistes répudient le phalanstère. Mais quand on leur demande comment pourrait s'organiser le travail domestique, ils répondent : Chacun fera « son propre travail ». « Ma femme s'acquitte bien de celui de la maison : les bourgeoises en feront autant ». Et si c'est un bourgeois socialisant qui parle, il jette à sa femme, avec un sourire gracieux : « N'est-ce pas, chérie, que tu te passerais bien de servante dans une société socialiste? Tu ferais, n'est-ce pas, comme la femme de notre vaillant ami Paul, ou celle de Jean, le menuisier, que tu connais ? »

A quoi la femme répond, avec un sourire aigre-doux, par un « Mais oui, chéri » tout, en se disant à part soi, que, heureusement, cela ne viendra pas de sitôt.

Servante, ou épouse, c'est encore et toujours sur la femme que l'homme compte pour se décharger des travaux du ménage.

Mais la femme aussi réclame — enfin — sa part dans l'émancipation de l'humanité. Elle ne veut plus être la bête de somme de la maison. C'est déjà assez qu'elle doive donner tant d'années de sa vie à élever ses enfants. Elle ne veut plus être la cuisinière, la ravaudeuse, la balayeuse du ménage ! Et les Américaines, prenant les devants dans cette œuvre de revendication, c'est une plainte générale aux Etats-Unis sur le manque de femmes se complaisant aux travaux domestiques. Madame préfère l'art, la politique, la littérature, ou le salon de jeu ; l'ouvrière en fait autant, et on ne trouve plus de servantes. Elles sont rares, aux Etats-Unis, les filles et les femmes qui consentent à accepter l'esclavage du tablier.

Et la solution vient, dictée par la vie elle-même,

évidemment très simple. C'est la machine qui se charge pour les trois quarts des soins du ménage.

Vous cirez vos souliers et vous savez combien ce travail est ridicule. Frotter vingt ou trente fois un soulier avec une brosse, que peut-il y avoir de plus stupide ? Il faut qu'un dixième de la population européenne se vende, en échange d'un grabat et d'une nourriture insuffisante, pour faire ce service abrutissant ; il faut que la femme se considère elle-même comme une esclave, pour que pareille opération continue à se faire chaque matin par des douzaines de millions de bras.

Cependant, les coiffeurs ont déjà des machines pour brosser les crânes lisses et les chevelures crépues ; n'était-il pas bien simple d'appliquer le même principe à l'autre extrémité ? — C'est ce que l'on a fait. — Aujourd'hui la machine à cirer les souliers devient d'usage général dans les grands hôtels américains et européens. Elle se répand aussi en dehors des hôtels. Dans les grandes écoles d'Angleterre, divisées en sections différentes, tenant chacune en pension de 50 à 200 écoliers, on a trouvé plus simple d'avoir un seul établissement qui, chaque matin, brosse à la machine les mille paires de souliers ; cela dispense d'entretenir une centaine de servantes préposées spécialement à cette opération stupide. L'établissement prend le soir les souliers et les rend le matin à domicile, cirés à la machine.

Laver la vaisselle ! Où trouverait-on une ménagère qui n'ait pas ce travail en horreur ? travail long et sale à la fois, et qui se fait encore le plus souvent à la main, uniquement parce que le travail de l'esclave domestique ne compte pas.

En Amérique, on a mieux trouvé. Il y a déjà un certain nombre de villes dans lesquelles l'eau chaude est envoyée à domicile, tout comme l'eau froide chez nous. Dans ces conditions, le problème était d'une grande simplicité, et une femme, Mme Cockrane, l'a résolu. Sa machine lave vingt douzaines d'assiettes ou de plats, les essuie et les sèche en moins de trois minutes. Une usine de l'Illinois fabrique ces machines, qui se vendent à un prix accessible aux ménages moyens. Et quant aux petits ménages, ils enverront leur vaisselle à l'établissement tout comme leurs souliers. Il est même probable que les deux fonctions, — cirage et lavage, — seront faites par la même entreprise.

Nettoyer les couteaux; s'écorcher la peau et se tordre les mains en lavant le linge pour en expriner l'eau ; balayer les planchers ou brosser les tapis en soulevant des nuages de poussière, qu'il faut déloger ensuite à grand'peine des endroits où elle va se poser, tout cela se fait encore parce que la femme est toujours esclave; mais cela commence à disparaître, toutes ces fonctions se faisant infiniment mieux à la machine; et les machines de toute sorte s'introduiront dans le ménage, lorsque la distribution de la force à domicile permettra de les mettre toutes en mouvement, sans dépenser le moindre effort musculaire.

Les machines coûtent fort peu, et si nous les payons encore très cher, c'est parce qu'elles ne sont pas d'usage général, et surtout parce qu'une taxe exorbitante, de 75 pour 100, est tout d'abord prélevée par les messieurs qui ont spéculé sur le sol, la matière première, la fabrication, la vente, la patente, l'impôt, et ainsi de suite, et qui, tous, tiennent à rouler en c...che.

Mais la petite machine à domicile n'est pas le dernier mot pour l'affranchissement du travail domestique. Le ménage sort de son isolement actuel; il s'associe à d'autres ménages pour faire en commun ce qui se fait aujourd'hui séparément.

En effet, l'avenir n'est pas d'avoir une machine à brosser, une autre à laver les assiettes, une troisième à laver le linge, et ainsi de suite, pour chaque ménage. L'avenir est au calorifère commun qui envoie la chaleur dans chaque chambre de tout un quartier et dispense d'allumer les feux. Cela se fait déjà dans quelques villes américaines. Un grand foyer envoie de l'eau chaude dans toutes les maisons, dans toutes les chambres. L'eau circule dans des tuyaux, et, pour régler la température il n'y a qu'à tourner un robinet. Et si vous tenez à avoir en outre un feu qui flambe dans telle chambre, on peut allumer le gaz spécial de chauffage envoyé d'un réservoir central. Tout cet immense service de nettoyage des cheminées et de maintien des feux, — la femme sait ce qu'il absorbe de temps, — est en train de disparaître.

La bougie, la lampe, et même le gaz, ont fait leur temps. Il y a des cités entières où il suffit de presser un bouton pour que la lumière en jaillisse et, somme toute, c'est une simple affaire d'économie — et de savoir — que de se donner le luxe de la lampe électrique.

Enfin, il est déjà question, toujours en Amérique, de former des sociétés pour supprimer la presque totalité du travail domestique. Il suffirait de créer des services de ménage pour chaque pâté de maisons. Un char viendrait prendre à domicile les paniers de souliers à cirer, de vaisselle à nettoyer, de linge à laver, de petites choses à ravauder (si cela en vaut la peine), les tapis à brosser, et le lendemain matin il rapporterait fait, et bien fait, l'ouvrage que vous lui auriez confié. — Quelques heures plus tard, votre café chaud et vos œufs cuits à point, paraîtront sur votre table.

En effet, entre midi et deux heures, il y a certainement plus de 20 millions d'Américains et autant d'Anglais qui tous mangent un rôti de bœuf ou de mouton, du porc bouilli, des pommes de terre cuites et le légume de la saison. Et c'est, au bas mot, huit millions de feux brûlant pendant deux ou trois heures pour rôtir cette viande et cuire ces légumes; huit millions de femmes passant leur temps à préparer ce repas qui ne consiste peut-être pas en plus de dix plats différents.

« Cinquante feux », écrivait l'autre jour une Américaine, « là où un seul suffirait ! » Mangez à votre table, en famille avec vos enfants, si vous voulez; mais, de grâce, pourquoi ces cinquante femmes perdant leurs matinées à faire quelques tasses de café et à préparer ce déjeuner si simple ! Pourquoi cinquante feux lorsque deux personnes et un seul feu suffiraient à cuire tous ces morceaux de viande et tous ces légumes ? Choisissez vous-même votre rôti de bœuf ou de mouton, si vous êtes gourmet. Assaisonnez vos légumes à votre goût si vous préférez telle ou telle sauce ! Mais n'ayez qu'une cuisine aussi spacieuse et un seul fourneau aussi bien aménagé que vous l'entendrez.

Pourquoi le travail de la femme n'a-t-il jamais compté pour rien, pourquoi dans chaque famille la mère, souvent trois ou quatre servantes, sont-elles tenues de donner tout leur temps aux affaires de cuisine? Parce que ceux-mêmes qui veulent l'affranchissement du genre humain n'ont pas compris la femme dans leur rêve d'émancipation et considèrent comme indigne de leur haute dignité masculine de penser « à ces affaires de cuisine », dont ils se sont déchargés sur les épaules du grand souffre-douleur — la femme.

Emanciper la femme, ce n'est pas lui ouvrir les portes de l'université, du barreau et du parlement. C'est toujours sur une autre femme que la femme affranchie rejette les travaux domestiques. Emanciper la femme, c'est la libérer du travail abrutissant de la cuisine et du lavoir; c'est s'organiser de manière à lui permettre de nourrir et d'élever ses enfants, si bon lui semble, tout en conservant assez de loisir pour prendre sa part de vie sociale.

Cela se fera, nous l'avons dit, cela commence déjà à se faire. Sachons qu'une révolution qui s'enivrerait des plus belles paroles de Liberté, d'Egalité et de Solidarité, tout en maintenant l'esclavage du foyer, ne serait pas la révolution. La moitié de l'humanité, subissant l'esclavage du foyer de cuisine, aurait encore à se révolter contre l'autre moitié.

LA LIBRE ENTENTE

I

Habitués que nous sommes, par des préjugés héréditaires, une éducation et une instruction absolument fausses, à ne voir partout que gouvernement, législation et magistrature, nous en arrivons à croire que les hommes s'entre-déchireraient comme des fauves le jour où le policier ne tiendrait pas l'œil ouvert sur nous, que ce serait le chaos si l'autorité sombrait dans quelque cataclysme. Et nous passons, sans nous en apercevoir, à côté de mille et mille groupements humains qui se font librement, sans aucune intervention de la loi, et qui parviennent à réaliser des choses infiniment supérieures à celles qui s'accomplissent sous la tutelle gouvernementale.

Ouvrez un journal quotidien. Ses pages sont entièrement consacrées aux actes des gouvernements, aux tripotages politiques. A le lire, un Chinois croirait qu'en Europe rien ne se fait sans l'ordre de quelque maître. Trouvez-y quoi que ce soit sur les institutions qui naissent, croissent, et se développent sans prescriptions ministérielles ! Rien ou presque rien ! S'il y a même une rubrique de « Faits divers », c'est parce qu'ils se rattachent à la police. Un drame de famille, un acte de révolte ne seront mentionnés que si les sergents de ville se sont montrés.

Trois cent cinquante millions d'Européens s'aiment ou se haïssent, travaillent, ou vivent de leurs rentes, souffrent ou jouissent. Mais, leur vie, leurs actes (à part la littérature, le théâtre et le sport), tout reste ignoré des journaux si les gouvernements ne sont intervenus d'une manière ou d'une autre.

Il en est de même pour l'histoire. Nous connaissons les moindres détails de la vie d'un roi ou d'un parlement ; on nous a conservé tous les discours, bons et mauvais, prononcés dans les parlottes, « qui jamais n'ont influé sur le vote d'un seul membre », comme le disait un vieux parlementaire. Les visites des rois, la bonne ou mauvaise humeur du politicien, ses calembours et ses intrigues, tout cela est soigneusement mis en réserve pour la postérité. Mais nous avons toutes les peines du monde à reconstituer la vie d'une cité du moyen-âge, à connaître le mécanisme de cet immense commerce d'échange qui se faisait entre les villes hanséatiques, ou bien à savoir comment la cité de Rouen a bâti sa cathédrale. Si quelque savant a passé sa vie à l'étudier, ses ouvrages restent inconnus et les « histoires parlementaires » c'est-à-dire fausses, puisqu'elles ne parlent que d'un seul côté de la vie des sociétés, se multiplient, se colportent, s'enseignent dans les écoles.

Et nous ne nous apercevons même pas de la besogne prodigieuse qu'accomplit chaque jour le groupement spontané des hommes, et qui constitue l'œuvre capitale de notre siècle.

C'est pourquoi nous nous proposons de relever quelques-unes de ces manifestations les plus frappantes, et de montrer que les hommes, — dès que leurs intérêts ne sont pas absolument contradictoires, — s'entendent à merveille pour l'action en commun sur des questions très complexes.

Il est de toute évidence que dans la société actuelle, basée sur la propriété individuelle, c'est-à-dire sur la spoliation et sur l'individualisme borné, partant stupide, les faits de ce genre sont nécessairement limités ; l'entente n'y est pas toujours parfaitement libre, et fonctionne souvent pour un but mesquin, sinon exécrable.

Mais, ce qui nous importe, ce n'est pas de trouver des exemples à imiter en aveugles, et que du reste la société actuelle ne saurait nous fournir. Ce qu'il nous faut, c'est montrer que, malgré l'individualisme autoritaire qui nous étouffe, il y a toujours dans l'ensemble de notre vie une part très vaste où l'on n'agit que par la libre entente ; et qu'il est beaucoup plus facile qu'on ne pense de se passer de gouvernement.

A l'appui de notre thèse, nous avons déjà cité les chemins de fer et nous allons y revenir encore.

On sait que l'Europe possède un réseau de voies ferrées de 280,000 kilomètres, et que sur ce réseau on peut circuler aujourd'hui. — du nord au sud, du couchant au levant, de Madrid à Pétersbourg et de Calais à Constantinople, — sans subir d'arrêts, sans même changer de wagon (quand on voyage en train express). Mieux que cela : un colis jeté dans une gare ira trouver le destinataire n'importe où, en Turquie ou dans l'Asie Centrale, sans autre formalité pour l'envoyeur que celle d'écrire le lieu de destination sur un chiffon de papier.

Ce résultat pouvait être obtenu de deux façons. Ou bien, un Napoléon, un Bismarck, un potentat quelconque aurait conquis l'Europe, et de Paris, de Berlin, ou de Rome, il aurait tracé sur une carte les directions des voies ferrées et réglé la marche des trains. L'idiot couronné, Nicolas I, a rêvé d'en agir ainsi. Quand on lui présenta des projets de chemins de fer entre Moscou et Pétersbourg, il saisit une règle et traça sur la carte de la Russie une ligne droite entre ses deux capitales, en disant : « Voilà le tracé. » Et le chemin se fit en ligne droite, comblant des ravins profonds, élevant des ponts vertigineux qu'il fallut abandonner au bout de quelques années, coûtant deux à trois millions en moyenne par kilomètre.

Voilà l'un des moyens, mais ailleurs on s'y prit autrement. Les chemins de fer ont été construits par tronçons ; les tronçons ont été rattachés entre eux ; et puis, les cent compagnies diverses auxquelles ces tronçons appartenaient ont cherché à s'entendre pour faire concorder leurs trains à l'arrivée et au départ, pour faire rouler sur leurs rails des wagons de toute provenance sans décharger les marchandises passant d'un réseau à un autre.

Tout cela s'est fait par la libre entente, par l'échange de lettres et de propositions, par des congrès où les délégués venaient discuter telle question spéciale, — non pour légiférer ; — et après les congrès, les délégués revenaient vers leurs compagnies, non pas avec une loi, mais avec un projet de contrat à ratifier ou à rejeter.

Certes, il y a eu des tiraillements. Certes, il y a eu des obstinés qui ne voulaient pas se laisser convaincre. Mais, l'intérêt commun a fini par accorder tout le monde sans qu'on ait eu besoin d'invoquer des armées contre les récalcitrants.

Cet immense réseau de chemins de fer reliés entre eux, et ce prodigieux trafic auquel ils donnent lieu, constituent certainement le trait le plus frappant de notre siècle ; — et sont dus à la libre entente. — Si quelqu'un l'avait prévu et prédit, il y a cinquante ans, nos grands-pères l'auraient cru fou ou imbécile. Ils se seraient écriés : « Jamais vous ne parviendrez à faire entendre raison à cent compagnies d'actionnaires ! C'est une utopie, un conte de fée que vous nous racontez là. Un gouvernement central, avec un directeur à poigne, pourrait seul l'imposer. »

Eh bien, ce qu'il y a de plus intéressant dans cette organisation est qu'il n'y a aucun gouvernement central européen des chemins de fer ! Rien ! Point de ministre des chemins de fer, point de dictateur, pas même un parlement continental, pas même un comité dirigeant ! Tout se fait par contrat.

Et nous demandons à l'étatiste qui prétend que « jamais on ne pourra se passer de gouvernement central, ne fût-ce que pour régler le trafic », nous lui demandons :

« Mais comment les chemins de l'Europe peuvent-ils s'en passer ? comment parviennent-ils à faire voyager des millions de voyageurs et des montagnes de marchandises à travers tout un continent ? Si les compagnies propriétaires des chemins de fer ont pu s'entendre, pourquoi les travailleurs qui prendraient possession des lignes ferrées ne s'accorderaient-ils pas de la même manière ? Et si la compagnie de Pétersbourg-Varsovie et celle de Paris-Belfort peuvent agir avec ensemble sans se donner le luxe d'un commandeur pour l'une et pour l'autre, pourquoi dans le sein de nos sociétés, chacune d'elles constituée par un groupe de travailleurs libres, aurait-on besoin d'un gouvernement ? »

II

Lorsque nous essayons de démontrer par des exemples qu'aujourd'hui même, malgré l'iniquité qui préside à l'organisation de la société actuelle, les hommes, pourvu que leurs intérêts ne soient pas diamétralement opposés, savent très bien se mettre d'accord sans intervention de l'autorité, nous n'ignorons pas les objections qui nous seront adressées.

Ces exemples ont leur côté défectueux, car il est impossible de citer une seule organisation exempte de l'exploitation du faible par le fort, du pauvre par le riche. C'est pourquoi les étatistes ne manqueront certainement pas de nous dire avec la logique qu'on leur connaît : « Vous voyez bien que l'intervention de l'État est nécessaire pour mettre fin à cette exploitation ! »

Seulement, oubliant les leçons de l'histoire, ils ne nous diront pas jusqu'à quel point l'Etat lui-même a contribué à aggraver cet état de choses, en créant le prolétariat et en le livrant aux exploiteurs. Et ils oublieront aussi de nous dire s'il est possible de faire cesser l'exploitation tant que ses causes premières — le Capital individuel et la misère, créée artificiellement pour les deux tiers par l'Etat, — continueront d'exister.

A propos du complet accord entre les compagnies de chemins de fer, il est à prévoir que l'on nous dira : « Ne voyez-vous donc pas comment les compagnies de chemins de fer pressurent et malmènent leurs employés et les voyageurs! Il faut bien que l'Etat intervienne pour protéger le public! »

Mais, n'avons-nous pas dit et répété tant de fois qu'aussi longtemps qu'il y aura des capitalistes ces abus de pouvoir se perpétueront. C'est précisément l'Etat, — le bienfaiteur prétendu, — qui a donné aux compagnies cette puissance terrible qu'elles possèdent aujourd'hui. N'a-t-il pas créé les concessions, les garanties? N'a-t-il pas envoyé ses troupes contre les employés des chemins de fer en grève? Et, au début, (cela se voit encore en Russie), n'a-t-il pas étendu le privilège jusqu'à défendre à la presse de mentionner les accidents de chemin de fer pour ne pas déprécier les actions dont il se portait garant? N'a-t-il pas, en effet, favorisé le monopole qui a sacré les Vanderbilt comme les Polyakoff, les directeurs du P. L. M. et ceux du Gothard, « les Rois de l'époque? »

Donc, si nous donnons en exemple l'entente tacitement établie entre les compagnies de chemins de fer, ce n'est pas comme un idéal de ménage économique, ni même comme un idéal d'organisation thecnique. C'est pour montrer que si des capitalistes, sans autre objectif que celui d'augmenter leurs revenus aux dépens de tout le monde, peuvent arriver à exploiter les voies ferrées sans fonder pour cela un bureau international, des sociétés de travailleurs le pourront tout aussi bien, et même mieux, sans nommer un ministère des chemins de fer européens?

Une autre objection se présente, plus sérieuse en apparence. On pourrait nous dire que l'entente dont nous parlons n'est pas tout à fait *libre* : que les grandes compagnies font la loi aux petites. On pourrait citer, par exemple, telle riche compagnie obligeant les voyageurs qui vont de Berlin à Bâle, à passer par Cologne et Francfort, au lieu de suivre la route de Leipzig ; telle autre faisant faire aux marchandises des circuits de cent et deux cents kilomètres (sur de longs parcours) pour favoriser de puissants actionnaires ; telle autre enfin ruinant des lignes secondaires. Aux Etats-Unis, voyageurs et marchandises sont quelquefois forcés de suivre des tracés invraisemblables pour que les dollars affluent dans la poche d'un Vanderbilt.

Notre réponse sera la même. Tant que le Capital existera, le gros Capital pourra toujours opprimer le petit. Mais, l'oppression ne résulte pas seulement du capital. C'est surtout grâce au soutien de l'Etat, au monopole créé par l'Etat en leur faveur, que certaines grandes compagnies oppriment les petites.

Marx a très bien montré comment la législation anglaise a tout fait pour ruiner la petite industrie, réduire le paysan à la misère et livrer aux gros industriels des bataillons de va-nu-pieds, forcés de travailler pour n'importe quel salaire. Il en est exactement de même pour la législation concernant les chemins de fer. Lignes stratégiques, lignes subventionnées, lignes recevant le monopole du courrier international, tout a été mis en jeu dans l'intérêt des gros bonnets de la finance. Lorsque Rothschild, — créancier de tous les Etats européens, — engage son capital dans tel chemin de fer, ses fidèles sujets, les ministres, s'arrangeront pour lui faire gagner davantage.

Aux Etats-Unis, — cette démocratie que les autoritaires nous donnent quelquefois pour idéal, — la fraude la plus scandaleuse s'est mêlée à tout ce qui concerne les chemins de fer. Si telle compagnie tue ses concurrents par un tarif très bas, c'est qu'elle se rembourse d'un autre côté sur les terres que l'Etat, moyennant des pots de vin, lui a concédées. Les documents publiés récemment sur le blé américain nous ont montré la part de l'Etat dans cette exploitation du faible par le fort.

Ici encore, l'Etat a décuplé, centuplé la force du gros capital. Et lorsque nous voyons les syndicats des compagnies de chemins de fer (encore un produit de la libre entente) réussir quelquefois à protéger les petites compagnies contre les grandes, nous n'avons qu'à nous étonner de la force intrinsèque du libre accord, malgré la toute-puissance du grand capital secondé par l'Etat.

En effet, les petites compagnies vivent, malgré la partialité de l'Etat, et si en France — pays de centralisation — nous ne voyons que cinq ou six grandes compagnies, on en compte plus de 110 dans la Grande Bretagne, qui s'entendent à merveille et qui certes sont mieux organisées pour le transport rapide des marchandises et des voyageurs que les chemins français et allemands.

D'ailleurs, la question n'est pas là. Le gros capital, favorisé par l'État, peut toujours, *s'il y trouve avantage*, écraser le petit. Ce qui nous occupe, c'est ceci : L'entente entre les centaines de compagnies auxquelles appartiennent les chemins de fer de l'Europe *s'est établie directement, sans intervention d'un gouvernement central* faisant la loi aux diverses sociétés ; elle s'est maintenue au moyen des congrès, composés de délégués discutant entre eux et soumettant à leurs commettants des *projets*, non des *lois*. C'est un principe nouveau, qui diffère du tout au tout du principe gouvernemental, monarchiste ou républicain, absolu ou parlementaire. C'est une innovation qui s'introduit, timidement encore, dans les mœurs de l'Europe, mais qui a l'avenir pour elle.

III

Que de fois n'avons-nous pas lu dans les écrits des socialistes-étatistes des exclamations de ce genre : « Et qui donc se chargera dans la société future de régulariser le trafic sur les canaux ? S'il passait par la tête d'un de vos « compagnons » anarchistes de mettre sa barque en travers d'un canal et de barrer la voie aux milliers de bateaux, — qui donc le mettrait à la raison ? ».

Avouons que la supposition est un peu fantaisiste. Mais on pourrait ajouter : « Et si, par exemple, telle commune ou tel groupe voulaient faire passer leurs barques avant les autres, ils encombreraient le canal pour charrier, peut-être, des pierres, tandis que le blé destiné à telle autre commune resterait en souffrance. — Qui donc régulariserait la marche des bateaux, si ce n'est le gouvernement ? »

Eh bien, la vie réelle a encore montré que l'on peut très bien se passer de gouvernement, ici comme ailleurs. La libre entente, la libre organisation, remplacent cette machine coûteuse et nuisible, et font mieux.

On sait ce que sont les canaux pour la Hollande, ce sont ses routes. On sait aussi quel trafic se fait sur ces canaux. Ce que l'on transporte chez nous sur une route pierrée ou ferrée se transporte en Hollande par la voie des canaux. C'est là qu'on pourrait se battre pour faire passer ses bateaux avant les autres. C'est là que le gouvernement devrait intervenir pour mettre de l'ordre dans le trafic!

Eh bien, non. Plus pratiques, les Hollandais, depuis bien longtemps, ont su s'arranger autrement, en créant des espèces de ghildes, de syndicats de bateliers. C'étaient des associations libres, surgies des besoins mêmes de la navigation. Le passage des bateaux se faisait suivant un certain ordre d'inscription ; tous se suivaient à tour de rôle. Aucun ne devait devancer les autres, sous peine d'être exclu du syndicat. Aucun ne stationnait plus d'un certain nombre de jours dans les ports d'embarquement, et s'il ne trouvait pas de marchandises à prendre pendant ce temps-là, tant pis pour lui, il partait vide, mais laissait la place aux nouveaux arrivants. L'encombrement était ainsi évité, lors même que la concurrence des entrepreneurs, — conséquence de la propriété individuelle, — était intacte. Supprimez celle-ci, et l'entente serait encore plus cordiale, plus équitable pour tous.

Il va sans dire que le propriétaire de chaque bateau pouvait adhérer, ou non, au syndicat. C'était son affaire, mais la plupart préféraient s'y joindre. Les syndicats offrent d'ailleurs de si grands avantages qu'ils se sont répandus sur le Rhin, le Weser, l'Oder, jusqu'à Berlin. Les bateliers n'ont pas attendu que le grand Bismarck fasse l'annexion de la Hollande à l'Allemagne et qu'il nomme un « *Ober-Haupt-General-Staats-Canal-Navigations-Rath* » avec un nombre de galons correspondant à la longueur de son titre. Ils ont préféré s'entendre internationalement. Plus que cela : nombre de voiliers qui font le service entre les ports allemands et ceux de la Scandinavie, ainsi que de la Russie, ont aussi adhéré à ces syndicats, afin de régulariser le trafic dans la Baltique et de mettre une certaine harmonie dans le chassé-croisé des navires. Surgies librement, recrutant leurs adhérents volontaires, ces associations n'ont rien à faire avec les gouvernements.

Il se peut, il est fort probable en tous cas, qu'ici encore le grand capital opprime le petit. Il se peut aussi que le syndicat ait une tendance à s'ériger en monopole, — surtout avec le patronage précieux de l'Etat, qui ne manquera pas de s'en mêler. — Seulement, n'oublions pas que ces syndicats représentent une association dont les membres n'ont que des intérêts personnels ; mais que si chaque armateur était forcé, par la socialisation de la production, de la consommation et de l'échange, de faire partie en même temps de cent autres associations nécessaires à la satisfaction de ses besoins, les choses changeraient d'aspect. Puissant sur l'eau, le groupe des bateliers se sentirait faible sur la terre ferme et rabattrait de ses prétentions, pour s'entendre avec les chemins de fer, les manufactures et tous les autres groupements.

En tous cas, sans parler de l'avenir, voilà encore une association spontanée qui a pu se passer de gouvernement. Passons à d'autres exemples.

Puisque nous sommes en train de parler navires et bateaux, mentionnons l'une des plus belles organisations qui aient surgi dans notre siècle, — une de celles dont nous pouvons nous vanter à juste titre. C'est l'Association anglaise de sauvetage (*Lifeboat Association*).

On sait que chaque année plus de mille vaisseaux viennent échouer sur les côtes de l'Angleterre. En mer, un bon navire craint rarement la tempête. C'est près des côtes que l'attendent les dangers. Mer houleuse qui lui brise son étambot, coups de vent qui enlèvent ses mâts et ses voiles, courants qui le rendent ingouvernable, récifs et bas-fonds sur lesquels il vient échouer.

Alors même qu'autrefois les habitants des côtes allumaient des feux pour attirer les navires sur les récifs et s'emparer, selon la coutume, de leurs cargaisons, ils ont toujours fait le possible pour sauver l'équipage. Apercevant un navire en détresse, ils lançaient leurs coquilles de noix et se portaient au secours des naufragés trop souvent pour trouver eux-mêmes la mort dans les vagues. Chaque hameau au bord de la mer a ses légendes d'héroïsme, déployé pa la femme aussi bien que par l'homme, pour sauver les équipages en perdition.

L'Etat, les savants ont bien fait quelque chose pour diminuer le nombre des sinistres. Les phares, les signaux, les cartes, les avertissements météorologiques l'ont certainement réduit de beaucoup. Mais, il reste toujours chaque année un millier de vaisseaux et plusieurs milliers de vies humaines à sauver.

Aussi quelques hommes de bonne volonté se mirent-ils à la besogne. Bons marins eux-mêmes, ils imaginèrent un bateau de sauvetage qui pût braver la tempête sans chavirer ni couler à fond, et firent campagne pour intéresser le public à l'entreprise, trouver l'argent nécessaire, construire des bateaux, et les placer sur les côtes partout où ils pouvaient rendre des services.

Ces gens-là, n'étant pas des jacobins, ne s'adressèrent pas au gouvernement. Ils avaient compris que pour mener à bien leur entreprise, il leur fallait le concours, l'entraînement des marins, leur connaissance des lieux — surtout leur dévouement. — Et pour trouver des hommes qui, au premier signal, se lancent, la nuit, dans le chaos des vagues, ne se laissant arrêter ni par les ténèbres, ni par les brisants, et luttant cinq, six, dix heures contre les flots avant d'aborder le navire en détresse, — des hommes prêts à jouer leur vie pour sauver celles des autres, — il faut le sentiment de solidarité, l'esprit de sacrifice qui ne s'achètent pas avec du galon.

Ce fut donc un mouvement tout spontané, issu de la libre entente et de l'initiative individuelle. Des centaines de groupes locaux surgirent le long des côtes. Les initiateurs eurent le bon sens de ne pas se poser en maîtres : ils cherchèrent leurs lumières dans les hameaux des pêcheurs. Un lord envoyait-il 25 000 francs pour construire un bateau de sauvetage à un village de la côte, l'offre était acceptée, mais on laissait l'emplacement au choix des pêcheurs et marins de l'endroit.

Ce n'est pas à l'Amirauté qu'on fit les plans des nouveaux bateaux. — « Puisqu'il importe — lisons-nous dans le rapport de l'Association — que les sauveteurs aient pleine confiance dans l'embarcation qu'ils montent, le Comité s'impose surtout la tâche de donner aux bateaux la forme et l'équipement que peuvent désirer les sauveteurs eux-mêmes. » Aussi chaque année apporte-t-elle un nouveau perfectionnement.

Tout par les volontaires, s'organisant en comités ou groupes locaux ! Tout par l'aide mutuelle et par l'entente ! — O les anarchistes ! — Aussi ne demandent-ils rien aux contribuables, et l'année passée leur apportait un million 76 mille francs de cotisations spontanées.

Quant aux résultats, les voici :

L'Association possédait en 1891 293 bateaux de sauvetage. Cette même année, elle sauvait 601 naufragés et 33 navires ; depuis sa fondation elle a sauvé 32 671 êtres humains.

En 1886, trois bateaux de sauvetage avec tous leurs hommes ayant péri dans les flots, des centaines de nouveaux volontaires vinrent s'inscrire, se constituer en groupes locaux, et cette agitation eut pour résultat la construction d'une vingtaine de bateaux supplémentaires.

Notons en passant que l'Association envoie, chaque année, aux pêcheurs et aux marins d'excellents baromètres à un prix trois fois moindre que leur valeur réelle. Elle propage les connaissances météorologiques et tient les intéressés au courant des variations soudaines prévues par les savants.

Répétons que les centaines de petits comités ou groupes locaux, ne sont pas organisées hiérarchiquement et se composent uniquement des volontaires-sauveteurs et des gens qui s'intéressent à cette œuvre. Le Comité central, qui est plutôt un centre de correspondances, n'intervient en aucune façon.

Il est vrai que lorsqu'il s'agit, dans le canton, de voter sur une question d'éducation ou d'impôt local, ces comités ne prennent pas, comme tels, part aux délibérations, — modestie que les élus d'un conseil municipal n'imitent malheureusement pas. — Mais d'autre part, ces braves gens n'admettent pas que ceux qui n'ont jamais bravé la tempête leur fassent des lois sur le sauvetage. Au premier signal de détresse, ils accourent, se concertent, et marchent de l'avant. Point de galons, beaucoup de bonne volonté.

Prenons une autre société du même genre, celle de la Croix-Rouge. Peu importe son nom : voyons ce qu'elle est.

Imaginez-vous quelqu'un venant dire il y a vingt-cinq ans : « L'Etat, si capable qu'il soit de faire massacrer vingt mille hommes en un jour et d'en faire blesser cinquante mille, est incapable de porter secours à ses propres victimes. Il faut donc, — tant que guerre existe, — que l'initiative privée intervienne et que les hommes de bonne volonté s'organisent internationalement pour cette œuvre d'humanité ! »

Quel déluge de moqueries n'aurait-on pas déversé sur celui qui aurait osé tenir ce langage ! On l'aurait d'abord traité d'utopiste, et si l'on avait ensuite daigné ouvrir la bouche, on lui aurait répondu : « Les volontaires manqueront précisément là où le besoin s'en fera le plus sentir. Vos hôpitaux libres seront tous centralisés en lieu sûr, tandis qu'on manquera de l'indispensable aux ambulances. Les rivalités nationales feront si bien que les pauvres soldats mourront sans secours. » Autant de discoureurs, autant de réflexions décourageantes. Qui de nous n'a entendu pérorer sur ce ton !

Eh bien, nous savons ce qui en est. Des sociétés de la Croix-Rouge se sont organisées librement, partout, dans chaque pays, en des milliers de localités, et lorsque la guerre de 1870-71 éclata, les volontaires se mirent à l'œuvre. Des hommes et des femmes vinrent offrir leurs services. Des hôpitaux, des ambulances furent organisés par milliers; des trains furent lancés portant ambulances, vivres, linge, médicaments pour les blessés. Les comités anglais envoyèrent des convois entiers d'aliments, de vêtements, d'outils, des graines pour la semence, des animaux de trait, jusqu'à des charrues à vapeur avec leurs guides pour aider au labourage des départements dévastés par la guerre ! Consultez seulement *la Croix Rouge* par Gustave Moynier, et vous serez réellement frappés de l'immensité de la besogne accomplie.

Quant aux prophètes toujours prêts à refuser aux autres hommes le courage, le bon sens, l'intelligence, et se croyant seuls capables de mener le monde à la baguette, aucune de leurs prévisions ne s'est réalisée.

Le dévouement des volontaires de la Croix-Rouge a été au dessus de tout éloge. Ils ne demandaient qu'à occuper les postes les plus dangereux ; et tandis que des médecins salariés de l'Etat fuyaient avec leur état-major à l'approche des Prussiens, les volontaires de la Croix-Rouge continuaient leur besogne sous les balles, supportant les brutalités des officiers bismarkiens et napoléoniens, prodiguant les mêmes soins aux blessés de toute nationalité. Hollandais et Italiens, Suédois et Belges, — jusqu'aux Japonais et aux Chinois — s'entendaient à merveille. Ils répartissaient leurs hôpitaux et leurs ambulances selon les besoins du moment; ils rivalisaient surtout par l'hygiène de leurs hôpitaux. Et combien de Français ne parlent-ils pas encore avec une gratitude profonde, des tendres soins qu'ils ont reçus de la part de telle volontaire hollandaise ou allemande, dans les ambulances de la Croix-Rouge !

Qu'importe à l'autoritaire ! Son idéal, c'est le major du régiment, le salarié de l'Etat. Au diable donc la Croix-Rouge avec ses hôpitaux hygiéniques, si les garde-malades ne sont pas des fonctionnaires !

Voilà donc une organisation, née d'hier et qui compte en ce moment ses membres par centaines de mille ; qui possède ambulances, hôpitaux, trains, qui élabore des procédés nouveaux dans le traitement des blessures, et qui est due à l'initiative spontanée de quelques hommes de cœur.

On nous dira peut-être que les Etats sont bien pour quelque chose dans cette organisation ? — Oui, les Etats y ont mis la main pour s'en emparer. Les comités dirigeants sont présidés par ceux que des laquais nomment princes du sang. Empereurs et reines prodiguent leur patronage aux comités nationaux. Mais ce n'est pas à ce patronage qu'est dû le succès de l'organisation. C'est aux mille comités locaux de chaque nation, à l'activité des individus, au dévouement de tous ceux qui cherchent à soulager les victimes de la guerre. Et ce dévouement serait encore bien plus grand si les Etats ne s'en mêlaient point du tout !

En tout cas, ce n'est pas sur les ordres d'un comité directeur international qu'Anglais et Japonais, Suédois et Chinois se sont empressés d'envoyer leurs secours aux blessés de 1871. Ce n'était pas sur les ordres d'un ministère international que les hôpitaux se dressaient sur le territoire envahi, et que les ambulances se portaient sur les champs de bataille. C'était par l'initiative des volontaires de chaque pays. Une fois sur les lieux, ils ne se sont pas pris aux cheveux, comme le prévoyaient les jacobins : ils se sont tous mis à l'œuvre sans distinction de nationalités.

Nous pouvons regretter que de si grands efforts soient mis au service d'une si mauvaise cause et nous demander comme l'enfant du poète : « Pourquoi les blesse-t-on, si on les soigne après ? » En cherchant à démolir la force du Capital et le pouvoir des bourgeois, nous travaillons à mettre fin aux tueries, et nous aimerions bien mieux voir les volontaires de la Croix-Rouge déployer leur activité pour en arriver avec nous à supprimer la guerre.

Mais nous devions mentionner cette immense organisation comme une preuve de plus des résultats féconds produits par la libre entente et la libre assistance.

Si nous voulions multiplier les exemples pris dans l'art d'exterminer les hommes, nous n'en finirions pas.

Qu'il nous suffise de citer seulement les sociétés

innombrables auxquelles l'armée allemande doit surtout sa force, qui ne dépend pas seulement de sa discipline, comme on le croit généralement. Ces sociétés pullulent en Allemagne et ont pour objectif de propager les connaissances militaires. A l'un des derniers congrès de l'Alliance militaire allemande (*Kriegerbund*), on a vu les délégués de 2452 sociétés, comprenant 151 712 membres, et toutes fédérées entre elles.

Sociétés de tir, sociétés de jeux militaires, de jeux stratégiques, d'études topographiques, voilà les usines où s'élaborent les connaissances techniques de l'armée allemande, non dans les écoles de régiment. C'est un formidable réseau de sociétés de toute sorte, englobant militaires et civils, géographes et gymnastes, chasseurs et techniciens, qui surgissent spontanément, s'organisent, se fédèrent, discutent et vont faire des explorations dans la campagne. Ce sont ces associations volontaires et libres qui font la vraie force de l'armée allemande.

Leur but est exécrable. C'est le maintien de l'empire. Mais, ce qu'il nous importe de relever, c'est que l'Etat, — malgré sa « grandissime » mission, l'organisation militaire, — a compris que le développement en serait d'autant plus certain qu'il serait abandonné à la libre entente des groupes et à la libre initiative des individus.

Même en matière de guerre, c'est à la libre entente qu'on s'adresse aujourd'hui, et pour confirmer notre assertion, qu'il nous suffise de mentionner les trois cent mille volontaires anglais, l'Association nationale anglaise d'artillerie et la Société en voie d'organisation pour la défense des côtes de l'Angleterre, qui, certes, si elle se constitue, sera autrement active que le ministère de la marine avec ses cuirassés qui sautent, et ses bayonnettes qui ploient comme du plomb.

Partout l'Etat abdique, abandonne ses fonctions sacro-saintes à des particuliers. Partout, la libre organisation empiète sur son domaine. Mais tous les faits que nous venons de citer permettent à peine d'entrevoir ce que la libre entente nous réserve dans l'avenir, quand il n'y aura plus d'Etat.

OBJECTIONS

I

Examinons maintenant les principales objections qu'on oppose au communisme. La plupart proviennent évidemment d'un simple malentendu ; mais quelques-unes soulèvent des questions importantes et méritent toute notre attention.

Nous n'avons point à nous occuper de repousser les objections que l'on fait au communisme-autoritaire : nous-mêmes les constatons. Les nations civilisées ont trop souffert dans la lutte qui devait aboutir à l'affranchissement de l'individu pour pouvoir renier leur passé et tolérer un gouvernement qui viendrait s'imposer jusque dans les moindres détails de la vie du citoyen, alors même que ce gouvernement n'aurait d'autre but que le bien de la communauté. Si jamais une société communiste-autoritaire parvenait à se constituer, elle ne durerait pas, et serait bientôt forcée par le mécontentement général, ou de se dissoudre, ou de se réorganiser sur des principes de liberté.

C'est d'une société communiste anarchiste que nous allons nous occuper, d'une société qui reconnaisse la liberté pleine et entière de l'individu, n'admette aucune autorité, n'use d'aucune contrainte pour forcer l'homme au travail. Nous bornant dans ces études au côté économique de la question, voyons si, composée d'hommes tels qu'ils sont aujourd'hui, — ni meilleurs ni plus méchants, ni plus ni moins laborieux, — cette société aurait des chances de se développer heureusement ?

L'objection est connue. « Si l'existence de chacun est assurée, et si la nécessité de gagner un salaire n'oblige pas l'homme à travailler, personne ne travaillera. Chacun se déchargera sur les autres des travaux qu'il ne sera pas forcé de faire. » Relevons d'abord la légèreté incroyable avec laquelle on met cette objection en avant sans se douter que la question se réduit, en réalité, à savoir si, d'une part, on obtient effectivement par le travail salarié les résultats que l'on prétend en obtenir ? et si, d'autre part, le travail volontaire n'est déjà pas aujourd'hui plus productif que le travail stimulé par le salaire ? Question qui exigerait une étude approfondie. Mais, tandis que, dans les sciences exactes, on ne se prononce sur des sujets infiniment moins importants et moins compliqués, qu'après de sérieuses recherches, on recueille soigneusement des faits et on en analyse les rapports, — ici on se contente d'un fait quelconque, — par exemple, l'insuccès d'une association de communistes en Amérique — pour décider sans appel. On fait comme l'avocat qui ne voit pas dans l'avocat de la partie adverse le représentant d'une cause ou d'une opinion contraire à la sienne, mais un simple contradicteur dans une joûte oratoire ; et qui, s'il est assez heureux de trouver la riposte, ne se soucie pas autrement d'avoir raison. C'est pourquoi l'étude de cette base fondamentale de toute l'économie politique, — l'étude des conditions les plus favorables pour donner à la société la plus grande somme de produits utiles avec la moindre perte de forces humaines, — n'avance pas. On se borne à répéter des lieux communs, ou bien on fait silence.

Ce qui rend cette légèreté d'autant plus frappante, c'est que même dans l'économie politique capitaliste, on trouve déjà quelques écrivains, amenés par la force des choses à mettre en doute cet axiome des fondateurs de leur science, axiome d'après lequel la menace de la faim serait le meilleur stimulant de l'homme pour le travail productif. Ils commencent à s'apercevoir qu'il entre dans la production un certain élément collectif, trop négligé jusqu'à nos jours, et qui pourrait bien être plus important que la perspective du gain personnel. La qualité inférieure du labeur salarié, la perte effrayante de force humaine dans les travaux de l'agriculture et de l'industrie modernes, la quantité toujours croissante des jouisseurs qui, aujourd'hui, cherchent à se décharger sur les épaules des autres, l'absence d'un certain entrain dans la production qui devient de plus en plus manifeste, — tout cela commence à préoccuper jusqu'aux économistes de l'école « classique ». Quelques-uns d'entre eux se demandent s'ils n'ont pas fait fausse route en raisonnant sur un être imaginaire, idéalisé en laid, que l'on supposait guidé exclusivement par l'appât du gain ou du salaire ? Cette hérésie pénètre jusque dans les universités : on la hasarde dans les livres d'orthodoxie économiste. Ce qui n'empêche pas un très grand nombre de réformateurs socialistes de rester partisans de la rémunération individuelle et de défendre la vieille citadelle du salariat, alors même que ses défenseurs d'autrefois la livrent déjà pierre par pierre à l'assaillant.

Ainsi on redoute que, sans contrainte, la masse ne veuille pas travailler.

Mais, n'avons-nous pas déjà entendu, de notre vivant, exprimer ces mêmes appréhensions à deux reprises, par les esclavagistes des Etats-Unis avant la libération des nègres, et par les seigneurs russes avant la libération des serfs ? — « Sans le fouet, le nègre ne travaillera pas, » — disaient les esclavagistes. — « Loin de la surveillance du maître, le serf laissera les champs incultes », disaient les boyards russes. — Refrain des seigneurs français de 1789, refrain du moyen âge, refrain vieux comme le monde, nous l'entendons chaque fois qu'il s'agit de réparer une injustice dans l'humanité.

Et chaque fois, la réalité vient lui donner un démenti formel. Le paysan affranchi de 1792 labourait avec une énergie farouche inconnue à ses ancêtres ; le nègre libéré travaille plus que ses pères ; et le paysan russe, après avoir honoré la lune de miel de son affranchissement en fêtant la Saint-Vendredi à l'égal du dimanche, a repris le travail avec d'autant plus d'âpreté que sa libération a été plus complète. Là où la terre ne lui manque pas, il laboure avec acharnement, — c'est le mot.

Le refrain esclavagiste peut avoir sa valeur pour

des propriétaires d'esclaves. Quant aux esclaves eux-mêmes, ils savent ce qu'il vaut : ils en connaissent les motifs.

D'ailleurs, qui donc, sinon les économistes, nous enseigna que, si le salarié s'acquitte tant bien que mal de sa besogne, un travail intense et productif ne s'obtient que de l'homme qui voit son bien-être grandir en proportion de ses efforts? Tous les cantiques entonnés en l'honneur de la propriété se réduisent précisément à cet axiome.

Car, — chose remarquable, — lorsque des économistes, voulant célébrer les bienfaits de la propriété, nous montrent comment une terre inculte, un marais ou un sol pierreux se couvrent de riches moissons sous la sueur du paysan-propriétaire, ils ne prouvent nullement leur thèse en faveur de la propriété. En admettant que la seule garantie pour ne pas être spolié des fruits de son travail soit de posséder l'instrument de travail, — ce qui est vrai, — ils prouvent seulement que l'homme ne produit réellement que lorsqu'il travaille en toute liberté, qu'il a un certain choix dans ses occupations, qu'il n'a pas de surveillant pour le gêner et qu'enfin, il voit son travail lui profiter, ainsi qu'à d'autres qui font comme lui, et non pas à un fainéant quelconque. C'est tout ce que l'on peut déduire de leur argumentation, et c'est ce que nous affirmons aussi.

Quant à la forme de possession de l'instrument de travail, cela n'intervient qu'indirectement dans leur démonstration pour assurer au cultivateur que personne ne lui enlèvera le bénéfice de ses produits ni de ses améliorations. — Et pour appuyer leur thèse en faveur de la *propriété* contre toute autre forme de *possession*, les économistes ne devraient-ils pas nous démontrer que sous forme de possession communale, la terre ne produit jamais d'aussi riches moissons que lorsque la possession est personnelle? Or cela n'est pas. C'est le contraire que l'on constate.

En effet, prenez, comme exemple, une commune du canton de Vaud, à l'époque où tous les hommes du village vont en hiver abattre le bois dans la forêt qui appartient à tous. Eh bien, c'est précisément pendant ces fêtes du travail que se montre le plus d'ardeur à la besogne et le plus considérable déploiement de force humaine. Aucun labeur salarié, aucun effort de propriétaire ne pourrait supporter la comparaison.

Ou bien encore, prenez un village russe, dont tous les habitants s'en vont faucher un pré appartenant à la commune, ou affermé par elle, c'est là que vous comprendrez ce que l'homme *peut* produire lorsqu'il travaille en commun pour une œuvre commune. Les compagnons rivalisent entre eux à qui tracera de sa faux le plus large cercle; les femmes s'empressent à leur suite pour ne pas se laisser distancer par l'herbe fauchée. C'est encore une fête du travail pendant laquelle cent personnes font en quelques heures ce que leur travail accompli séparément n'eût pas terminé en quelques jours. Quel triste contraste fait, à côté, le travail du propriétaire isolé!

Enfin, on pourrait citer des milliers d'exemples chez les pionniers d'Amérique, dans les villages de la Suisse, de l'Allemagne, de la Russie et de certaines parties de la France; les travaux faits en Russie par les escouades (*artèles*) de maçons, de charpentiers, de bateliers, de pêcheurs, etc., qui entreprennent une besogne pour s'en partager directement les produits ou même la rémunération, sans passer par l'intermédiaire des sous-entrepreneurs. On pourrait encore mentionner les chasses communales des tribus nomades et à l'infini nombre d'entreprises collectives menées bien. Et partout on constaterait la supériorité incontestable du travail communal, comparé à celui du salarié ou du simple propriétaire.

Le bien-être, c'est-à-dire, la satisfaction des besoins physiques, artistiques et moraux, et la sécurité de cette satisfaction, ont toujours été le plus puissant stimulant au travail. Et quand le mercenaire parvient à peine à produire le strict nécessaire, le travailleur libre qui voit l'aisance et le luxe s'accroître pour lui et pour les autres en proportion de ses efforts, déploie infiniment plus d'énergie et d'intelligence et obtient des produits de premier ordre bien plus abondants. L'un se sent rivé à la misère, l'autre peut espérer dans l'avenir le loisir et ses jouissances.

Là est tout le secret. C'est pourquoi une société qui visera au bien-être de tous et à la possibilité pour tous de jouir de la vie dans toutes ses manifestations, fournira un travail volontaire infiniment supérieur et autrement considérable que la production obtenue jusqu'à l'époque actuelle, sous l'aiguillon de l'esclavage, du servage et du salariat.

II

Quiconque peut se décharger aujourd'hui sur d'autres du labeur indispensable à l'existence, s'empresse de le faire, et il est admis qu'il en sera toujours ainsi.

Or le travail indispensable à l'existence, est essentiellement manuel. Nous avons beau être des artistes, des savants, aucun de nous ne peut se passer des produits obtenus par le travail des bras : pain, vêtement, routes, vaisseaux, lumière, chaleur, etc. Bien plus : si hautement artistiques ou si subtilement métaphysiques que soient nos jouissances, il n'en est pas une qui ne repose sur le travail manuel. Et c'est précisément de ce labeur, — fondement de la vie, — que chacun cherche à se décharger.

Nous le comprenons parfaitement. Il doit en être ainsi aujourd'hui.

Car faire un travail manuel signifie actuellement : s'enfermer dix et douze heures par jour dans un atelier malsain, et rester dix ans, trente ans, toute sa vie, rivé à la même besogne.

Cela signifie se condamner à un salaire mesquin, être voué à l'incertitude du lendemain, au chômage, très souvent à la misère, plus souvent encore à la mort à l'hôpital, après avoir travaillé quarante ans à nourrir, vêtir, amuser et instruire d'autres que soi-même et ses enfants.

Cela signifie : porter toute sa vie aux yeux des autres le sceau de l'infériorité, et avoir soi-même conscience de cette infériorité, car, — quoi qu'en disent les beaux messieurs, — le travailleur manuel est toujours considéré comme l'inférieur du travailleur de la pensée, et celui qui a peiné dix heures à l'atelier n'a pas le temps et encore moins le moyen de se donner les hautes jouissances de la science et de l'art, ni surtout de se préparer à les apprécier ; il doit se contenter des bribes qui tombent de la table des privilégiés.

Nous comprenons donc que dans ces conditions, le travail manuel soit considéré comme une malédiction du sort.

Nous comprenons que tous n'aient qu'un rêve : celui de sortir ou de faire sortir leurs enfants de cette condition inférieure : de se créer une situation « indépendante, » — c'est-à-dire, quoi ? — de vivre aussi du travail d'autrui !

Tant qu'il y aura une classe de travailleurs des bras et une autre classe de « travailleurs de la pensée » — les mains noires, les mains blanches, — il en sera ainsi.

Quel intérêt, en effet, peut avoir ce travail abrutissant pour l'ouvrier, qui d'avance connaît son sort, qui du berceau à la tombe, vivra dans la médiocrité, la pauvreté, l'insécurité du lendemain ? Aussi, quand on voit l'immense majorité des hommes reprendre chaque matin la triste besogne, on reste surpris de leur persévérance, de leur attachement au travail, de l'accoutumance qui leur permet, comme une machine, obéissant en aveugle à l'impulsion donnée, de mener cette vie de misère sans espoir du lendemain, sans même entrevoir en de vagues lueurs qu'un jour, eux, ou du moins leurs enfants, feront partie de cette humanité, riche enfin de tous les trésors de la libre nature, de toutes les jouissances du savoir et de la création scientifique et artistique, réservées aujourd'hui à quelques privilégiés.

C'est précisément pour mettre fin à cette séparation entre le travail de la pensée et le travail manuel, que nous voulons abolir le salariat, que nous voulons la Révolution sociale. Alors le travail ne se présentera plus comme une malédiction du sort : il deviendra ce qu'il doit être : le libre exercice de *toutes* les facultés de l'homme.

Il serait temps, d'ailleurs, de soumettre à une analyse sérieuse cette légende de travail supérieur que l'on prétend obtenir sous le fouet du salaire.

Il suffit de visiter, non pas la manufacture et l'usine modèles qui se trouvent par ci par là à l'état d'exception, mais l'usine telle qu'elles sont encore presque toutes, pour concevoir l'immense gaspillage de force humaine qui caractérise l'industrie actuelle. Pour une fabrique organisée plus ou moins rationnellement, il y en a cent ou plus, qui gâchent le travail de l'homme, cette force précieuse, sans autre motif plus sérieux que celui de procurer peut-être deux sous de plus par jour au patron.

Ici, vous voyez des gars de vingt à ving-cinq ans, toute la journée sur un banc, la poitrine renfoncée, secouant fiévreusement la tête et le corps pour nouer avec une vitesse de prestidigitateurs, les deux bouts de méchants restes de fil de coton, revenus des métiers à dentelles. Quelle génération laisseront sur la terre ces corps tremblants et rachitiques? Mais... « ils occupent si peu de place dans l'usine, et ils me rapportent chacun cinquante centimes par jour », dira le patron!

Là, vous voyez, dans une immense usine de Londres, des filles devenues chauves à dix-sept ans à force de porter sur la tête d'une salle à l'autre des plateaux d'allumettes, tandis que la plus simple machine pourrait charroyer les allumettes à leurs tables.

Mais... il coûte si peu, le travail des femmes n'ayant pas de métier spécial ! A quoi bon une machine ! Quand celles-là n'en pourront plus, on les remplacera si facilement... il y en a tant dans la rue !

Sur le perron d'une riche maison, par une nuit glaciale, vous trouverez l'enfant endormi, nu-pieds, avec son paquet de journaux dans les bras... Il coûte si peu, le travail enfantin, qu'on peut bien l'employer, chaque soir, à vendre pour un franc de journaux, sur lesquels le pauvret touchera deux ou trois sous. Vous voyez enfin l'homme robuste se promenant les bras ballants ; il chôme pendant des mois entiers, tandis que sa fille s'étiole dans les vapeurs surchauffées de l'atelier d'apprêt des étoffes, et que son fils remplit à la main des pots de cirage, ou attend des heures au coin de la rue qu'un passant lui fasse gagner deux sous.

Et ainsi partout, de San Francisco à Moscou et de Naples à Stockholm. Le gaspillage des forces humaines est le trait prédominant, distinctif de l'industrie, — sans parler du commerce où il atteint des proportions encore plus colossales.

Quelle triste satire dans ce nom *d'économie* politique que l'on donne à la science de la déperdition des forces sous le régime du salariat !

Ce n'est pas tout. Si vous parlez au directeur d'une usine bien organisée, il vous expliquera naïvement qu'il est difficile aujourd'hui de trouver un ouvrier habile, vigoureux, énergique, qui se donne au travail avec entrain. — « S'il s'en présente un, vous dira-t-il, parmi les vingt ou trente qui viennent chaque lundi nous demander de l'ouvrage, il est sûr d'être reçu, alors même que nous serions en train de réduire le nombre de nos bras. On le reconnaît au premier coup d'œil, et on l'accepte toujours, quitte à se défaire le lendemain d'un ouvrier âgé ou moins actif. » Et celui qui vient d'être renvoyé, tous ceux qui le seront demain, vont renforcer cette immense armée de réserve du capital — les ouvriers sans travail — qu'on n'appelle aux métiers et aux établis qu'aux moments de presse, ou pour vaincre la résistance des grévistes. Ou bien, ce rebut des meilleures usines, ce travailleur moyen, va rejoindre l'armée tout aussi formidable des ouvriers âgés ou médiocres, qui circule continuellement entre les usines secondaires, — celles qui couvrent à peine leurs frais et se tirent d'affaire par des trucs et des pièges tendus à l'acheteur, et surtout au consommateur des pays éloignés.

Et si vous parlez au travailleur lui-même, vous saurez que la règle des ateliers est que l'ouvrier ne fasse jamais tout ce dont il est capable. Malheur à celui qui, dans une usine anglaise, ne suivrait pas ce conseil, qu'à son entrée il reçoit de ses camarades!

Car les travailleurs savent que si, dans un moment de générosité, ils cèdent aux instances d'un patron et consentent à intensifier le travail pour achever des ordres pressants, ce travail nerveux sera exigé dorénavant comme règle dans l'échelle des salaires. Aussi, dans neuf usines sur dix, préfèrent-ils ne jamais produire autant qu'ils le pourraient. Dans certaines industries, on limite la production, afin de maintenir les prix élevés, et parfois on se passe le mot d'ordre de *Co-canny*, qui signifie : « A mauvaise paie mauvais travail ! »

Le labeur salarié est un labeur de serf : il ne peut pas, il ne doit pas rendre tout ce qu'il pourrait rendre. Et il serait bien temps d'en finir avec cette légende qui fait du salaire le meilleur stimulant du travail productif. Si l'industrie rapporte actuellement cent fois plus que du temps de nos grands-pères, nous le devons au réveil soudain des sciences physiques et chimiques vers la fin du siècle passé ; non à l'organisation capitaliste du travail salarié, mais *malgré* cette organisation.

III

Ceux qui ont sérieusement étudié la question, ne nient aucun des avantages du communisme — à condition, bien entendu, qu'il soit parfaitement libre, c'est-à-dire anarchiste. — Ils reconnaissent que le travail payé en argent, même déguisé sous le nom de « bons », en des associations ouvrières gouvernées par l'Etat, garderait le cachet du salariat et en conserverait les inconvénients. Ils constatent que le système entier ne tarderait pas à en souffrir, alors même que la société rentrerait en possession des instruments de production. Et ils admettent que grâce à l'éducation intégrale donnée à tous les enfants, aux habitudes laborieuses des sociétés civilisées, avec la liberté de choisir et de varier ses occupations, et l'attrait du travail fait par des égaux pour le bien-être de tous, une société communiste ne manquerait pas de producteurs, qui bientôt tripleraient et décupleraient la fécondité du sol et donneraient un nouvel essor à l'industrie.

Voilà ce dont conviennent nos contradicteurs : « mais le danger, disent-ils, viendra de cette minorité de paresseux qui ne voudront pas travailler, malgré les excellentes conditions qui rendront le travail agréable, ou qui n'y apporteront pas de régularité et d'esprit de suite. Aujourd'hui, la perspective de la faim contraint les plus réfractaires à marcher avec les autres. Celui qui n'arrive pas à l'heure fixe est bientôt renvoyé. Mais il suffit d'une brebis galeuse pour contaminer le troupeau, et de trois ou quatre ouvriers nonchalants ou récalcitrants pour détourner tous les autres et amener dans l'atelier l'esprit de désordre et de révolte qui rend le travail impossible; de sorte qu'en fin de compte il faudra en revenir à un système de contrainte qui force les meneurs à rentrer dans les rangs. Eh bien, le seul système qui permette d'exercer cette contrainte, sans froisser les sentiments du travailleur, n'est-il pas la rémunération selon le travail accompli ? Car tout autre moyen impliquerait l'intervention continuelle d'une autorité qui répugnerait bientôt à l'homme libre ».

Voilà, croyons-nous, l'objection dans toute sa force.

Elle rentre, on le voit, dans la catégorie des raisonnements par lesquels on cherche à justifier l'Etat, la loi pénale, le juge et le geôlier.

« Puisqu'il y a des gens — une faible minorité — qui ne se soumettent pas aux coutumes sociables, » disent les autoritaires, « il faut bien maintenir l'Etat, quelque coûteux qu'il soit, l'autorité, le tribunal et la prison, quoique ces institutions elles-mêmes deviennent une source de maux nouveaux de toute nature. »

Aussi pourrions-nous nous borner à répondre ce que nous avons répété tant de fois à propos de l'autorité en général : « Pour éviter un mal possible, vous avez recours à un moyen qui, lui-même, est un plus grand mal, et qui devient la source de ces mêmes abus auxquels vous voulez remédier. Car, n'oubliez pas que c'est le salariat, — l'impossibilité de vivre autrement qu'en vendant sa force de travail, — qui a créé le système capitaliste actuel, dont vous commencez à reconnaître les vices. »

Nous pourrions aussi remarquer, que ce raisonnement est après coup un simple plaidoyer pour excuser ce qui existe. Le salariat actuel n'a pas été institué pour obvier aux inconvénients du communisme. Son origine, comme celle de l'Etat et de la propriété, est tout autre. Il est né de l'esclavage et du servage imposés par la force, dont il n'est qu'une modification modernisée. Aussi cet argument n'a-t-il pas plus de valeur que ceux par lesquels on cherche à excuser la propriété et l'Etat.

Nous allons examiner cette objection cependant et voir ce qu'elle pourrait avoir de juste.

Et d'abord, n'est-il pas évident que si une société fondée sur le principe du travail libre était réellement menacée par les fainéants, elle pourrait se garer, sans se donner une organisation autoritaire ou recourir au salariat?

Je suppose un groupe d'un certain nombre de volontaires, s'unissant dans une entreprise quelconque pour la réussite de laquelle tous rivalisent de zèle, sauf un des associés qui manque fréquemment à son poste; devra-t-on à cause de lui dissoudre le groupe, nommer un président qui imposera des amendes, ou bien enfin, distribuer, comme l'Académie, des jetons de présence ? Il est évident qu'on ne fera ni l'un ni l'autre, mais qu'un jour on dira au camarade qui menace de faire péricliter l'entreprise : — « Mon ami, nous aimerions bien travailler avec toi ; mais comme tu manques souvent à ton poste, ou que tu fais négligemment ta besogne, nous devons nous séparer. Va chercher d'autres camarades qui s'accommoderont de ta nonchalance ! »

Ce moyen est si naturel qu'il se pratique partout aujourd'hui, dans toutes les industries, en concurrence avec tous les systèmes possibles d'amendes, de déductions de salaire, de surveillance, etc.; l'ouvrier peut entrer à l'usine à l'heure fixe, mais s'il fait mal son travail, s'il gêne ses camarades par sa nonchalance ou d'autres défauts, s'ils se brouillent, c'est fini. Il est forcé de quitter l'atelier.

On prétend généralement que le patron omniscient et ses surveillants maintiennent la régularité et la qualité du travail dans l'usine. En réalité, dans une entreprise tant soit peu compliquée, dont la marchandise passe par plusieurs mains avant d'être terminée, c'est l'usine elle-même, c'est l'ensemble des travailleurs, qui veillent aux bonnes conditions du travail. C'est pourquoi les meilleures usines anglaises de l'industrie privée ont si peu de contre-maîtres — bien moins, en moyenne, que les usines françaises, et incomparablement moins que les usines anglaises de l'Etat.

Il en est de cela comme du maintien d'un certain niveau moral dans la société. On prétend en être redevable au garde-champêtre, au juge et au sergent de ville ; tandis qu'en réalité il se maintient *malgré* le juge, le sergent et le garde-champêtre. — « Beaucoup de lois beaucoup de crimes! » — on l'a dit bien avant nous.

Ce n'est pas seulement dans les ateliers industriels que les choses se passent ainsi, cela se pratique partout, chaque jour, sur une échelle dont les rongeurs de livres, seuls, sont encore à se douter.

Quand une compagnie de chemin de fer, fédérée avec d'autres compagnies, manque à ses engagements, quand elle arrive en retard avec ses trains et laisse les marchandises en souffrance dans ses gares, les autres compagnies menacent de résilier les contrats; et cela suffit d'ordinaire.

On croit généralement, du moins, on l'enseigne, — que le commerce n'est fidèle à ses engagements que sous la menace des tribunaux; il n'en est rien. Neuf fois sur dix, le commerçant qui aura manqué à sa parole ne comparaîtra pas devant un juge. Là où le trafic est très actif, comme à Londres, le fait seul d'avoir forcé un débiteur à plaider, suffit à l'immense majorité des marchands, pour qu'ils se refusent désormais à traiter d'affaires avec celui qui les aura fait aboucher avec l'avocat.

Mais pourquoi alors, ce qui se fait aujourd'hui même entre compagnons d'atelier, commerçants et compagnies de chemin de fer, ne pourrait-il se faire dans une société basée sur le travail volontaire?

Une association, par exemple, qui stipulerait avec chacun de ses membres le contrat suivant : — « Nous sommes prêts à vous garantir la jouissance de nos maisons, magasins, rues, moyens de transport, écoles, musées, etc., à condition que de vingt à quarante-cinq ou à cinquante ans, vous consacriez quatre ou cinq heures par jour à l'un des travaux reconnus nécessaires pour vivre. Choisissez vous-même, quand il vous plaira, les groupes dont vous voudrez faire partie, ou constituez-en un nouveau, pourvu qu'il se charge de produire le nécessaire. Et, pour le reste de votre temps, groupez-vous avec qui vous voudrez en vue de n'importe quelle récréation, d'art ou de science, à votre goût.

« Douze ou quinze cents heures de travail par an dans un des groupes produisant la nourriture, le vêtement, et le logement, ou s'employant à la salubrité publique, aux transports, etc., — c'est tout ce que nous vous demandons pour vous garantir tout ce que ces groupes produisent ou ont produit. Mais si aucun des milliers de groupes de notre fédération ne veut vous recevoir, — quel qu'en soit le motif, — si vous êtes absolument incapable de produire quoi que ce soit d'utile, ou si vous vous refusez à le faire, eh bien, vivez comme un isolé ou comme les malades. Si nous sommes assez riches pour ne pas vous refuser le nécessaire, nous serons enchantés de vous le donner. Vous êtes homme et vous avez le droit de vivre. Mais, puisque vous voulez vous placer dans des conditions spéciales et sortir des rangs, il est plus que probable que dans vos relations quotidiennes avec les autres citoyens vous vous en ressentirez. On vous regardera comme un revenant de la société bourgeoise, — à moins que des amis, découvrant en vous un génie, ne s'empressent de vous libérer de toute obligation morale envers la société en faisant pour vous le travail nécessaire à la vie.

« Et enfin si cela ne vous plaît pas, allez chercher ailleurs, de par le monde, d'autres conditions. Ou bien, trouvez des adhérents, et constituez avec eux d'autres groupes qui s'organisent sur de nouveaux principes. Nous préférons les nôtres. »

Voilà ce qui pourrait se faire dans une société communiste si les fainéants y devenaient assez nombreux pour qu'on eût à s'en garer.

IV

Mais nous doutons fort qu'il y ait lieu de redouter cette éventualité dans une société réellement basée sur la liberté entière de l'individu.

En effet, malgré la prime à la fainéantise offerte par la possession individuelle du capital, l'homme vraiment paresseux est relativement rare, à moins d'être un malade.

On dit très souvent entre travailleurs que les bourgeois sont des fainéants. Il y en a assez, en effet, mais ceux-là sont encore l'exception. Au contraire, dans chaque entreprise industrielle, on est sûr de trouver un ou plusieurs bourgeois qui travaillent beaucoup. Il est vrai que le grand nombre des bourgeois profitent de leur situation privilégiée pour s'adjuger les travaux les moins pénibles, et qu'ils travaillent dans des conditions hygiéniques de nourriture, d'air, etc., qui leur permettent de faire leur besogne sans trop de fatigue. Or, ce sont précisément les conditions que nous demandons pour tous les travailleurs sans exception. Il faut dire aussi que, grâce à leur position privilégiée, les riches font souvent du travail absolument inutile ou même nuisible à la société. Empereurs, ministres, chefs de bureaux, directeurs d'usines, commerçants, banquiers, etc., s'astreignent à faire, pendant quelques heures par jour, un travail qu'ils trouvent plus ou moins ennuyeux, — tous préférant leurs heures de loisir à cette besogne obligatoire. Et si dans neuf cas sur dix cette besogne est funeste, ils ne la trouvent pas pour cela moins fatigante. Mais c'est précisément parce que les bourgeois mettent la plus grande énergie à faire le mal (sciemment ou non) et à défendre leur position privilégiée, qu'ils ont vaincu la noblesse foncière et qu'ils continuent à dominer la masse du peuple. S'ils étaient des fainéants, il y a longtemps qu'ils n'existeraient plus et auraient disparu comme les talons rouges.

Dans une société qui leur demanderait seulement quatre ou cinq heures par jour de travail utile, agréable et hygiénique, ils s'acquitteraient parfaitement de leur besogne et ils ne subiraient certainement pas, sans les réformer, les conditions horribles dans lesquelles ils maintiennent aujourd'hui le travail. Si un Pasteur passait seulement cinq heures dans les égouts de Paris, croyez bien q i'il trouverait bientôt le moyen de les rendre tout aussi salubres que son laboratoire bactériologique.

Quant à la fainéantise de l'immense majorité des travailleurs, il n'y a que des économistes et des philanthropes pour discourir là-dessus.

Parlez-en à un industriel intelligent, et il vous dira que si les travailleurs se mettaient seulement dans la tête d'être fainéants, il n'y aurait qu'à fermer toutes les usines ; car aucune mesure de sévérité, aucun système d'espionnage n'y pourraient rien. Il fallait voir l'hiver dernier la terreur provoquée parmi les industriels anglais lorsque quelques agitateurs se sont mis à prêcher la théorie du *co-canny*, « à mauvaise paie, mauvais travail ; filez à la douce, ne vous esquintez pas, et gâchez tout ce que vous pourrez ! » — « On démoralise le travailleur, on veut tuer l'industrie ! » criaient ceux-mêmes qui tonnaient jadis contre l'immoralité de l'ouvrier et la mauvaise qualité de ses produits. Mais si le travailleur était ce que le représentent les économistes — le paresseux qu'il faut sans cesse menacer du renvoi de l'atelier — que signifierait ce mot de « démoralisation ? »

Ainsi, quand on parle de fainéantise possible, il faut bien comprendre qu'il s'agit d'une minorité, d'une infime minorité dans la société. Et avant de légiférer contre cette minorité, ne serait-il pas urgent d'en connaitre l'origine ?

Quiconque observe d'un regard intelligent sait très bien que l'enfant réputé paresseux à l'école est souvent celui qui comprend mal ce qu'on lui enseigne mal. Très souvent encore, son cas provient d'anémie cérébrale, suite de la pauvreté et d'une éducation antihygiénique.

Tel garçon, paresseux pour le latin et le grec, travaillerait comme un nègre si on l'initiait aux sciences, surtout par l'intermédiaire du travail manuel. Telle fillette réputée nulle en mathématiques devient la première mathématicienne de sa classe si elle est tombée par hasard sur quelqu'un qui a su saisir et lui expliquer ce qu'elle ne comprenait pas dans les éléments de l'arithmétique. Et tel ouvrier, nonchalant à l'usine, bêche son jardin dès l'aube en contemplant le lever du soleil, et le soir à la nuit tombante, quand toute la nature rentre dans son repos.

Quelqu'un a dit que la poussière est de la matière qui n'est pas à sa place. La même définition s'applique aux neuf-dixièmes de ceux qu'on nomme paresseux. Ce sont des gens égarés dans une voie qui ne répond ni à leur tempérament ni à leurs capacités. En lisant les biographies des grands hommes, on est frappé du nombre de « paresseux » parmi eux. Paresseux, tant qu'ils n'avaient pas trouvé leur vrai chemin, et laborieux à outrance plus tard. Darwin, Stephenson et tant d'autres étaient de ces paresseux-là.

Très souvent le paresseux n'est qu'un homme auquel il répugne de faire toute sa vie la dix-huitième partie d'une épingle, ou la centième partie d'une montre, tandis qu'il se sent une exubérance d'énergie qu'il voudrait dépenser ailleurs. Souvent encore, c'est un révolté qui ne peut admettre l'idée que toute sa vie il restera cloué à cet établi, travaillant pour procurer mille jouissances à son patron, tandis qu'il se sait beaucoup moins bête que lui et qu'il n'a d'autre tort que d'être né dans un taudis, au lieu de venir au monde dans un château.

Enfin, bon nombre des « paresseux » ne connaissent pas le métier par lequel ils sont forcés de gagner leur vie. Voyant la chose imparfaite qui sort de leurs mains, s'efforçant vainement de mieux faire, et s'apercevant que jamais ils n'y réussiront à cause des mauvaises habitudes de travail déjà acquises, ils prennent en haine leur métier et, n'en sachant pas d'autre, le travail en général. Des milliers d'ouvriers et d'artistes manqués sont dans ce cas.

Au contraire, celui qui, dès sa jeunesse, a appris à

bien toucher du piano, à *bien* manier le rabot, le ciseau, le pinceau ou la lime, de manière à sentir que ce qu'il fait est *beau*, n'abandonnera jamais le piano, le ciseau ou la lime. Il trouvera un plaisir dans son travail qui ne le fatiguera pas, tant qu'il ne sera pas surmené.

Sous une seule dénomination, *la paresse*, on a ainsi groupé toute une série de résultats dus à des causes diverses, dont chacune pourrait devenir une source de bien au lieu d'être un mal pour la société. Ici, comme pour la criminalité, comme pour toutes les questions concernant les facultés humaines, on a rassemblé des faits n'ayant entre eux rien de commun. On dit paresse ou crime, sans même se donner la peine d'en analyser les causes. On s'empresse de les châtier, sans se demander si le châtiment même ne contient pas une prime à la « *paresse* » ou au « *crime* » [1].

Voilà pourquoi une société libre, voyant le nombre de fainéants s'accroître dans son sein, songerait sans doute à rechercher les causes de leur paresse pour essayer de les supprimer avant d'avoir recours aux châtiments. Lorsqu'il s'agit, ainsi que nous l'avons déjà dit, d'un simple cas d'anémie. « Avant de bourrer de science le cerveau de l'enfant, donnez-lui d'abord du sang; fortifiez-le et, pour qu'il ne perde pas son temps, menez-le à la campagne ou au bord de la mer. Là, enseignez-lui en plein air, et non dans les livres, la géométrie — en mesurant avec lui les distances jusqu'aux rochers voisins; — il apprendra les

1. Voyez notre brochure *Les Prisons*, Paris, 1889.

sciences naturelles en cueillant les fleurs et pêchant à la mer; — la physique en fabriquant le bateau sur lequel il ira pêcher. — Mais, de grâce, n'emplissez son cerveau de phrases et de langues mortes. N'en faites pas un paresseux! »

Tel enfant n'a pas des habitudes d'ordre et de régularité. Laissez les enfants se les inculquer entre eux. Plus tard, le laboratoire et l'usine, le travail sur un espace resserré, avec beaucoup d'outils à manœuvrer, donneront la méthode. N'en faites pas vous-mêmes des êtres désordonnés, par votre école qui n'a d'ordre que dans la symétrie de ses bancs, mais qui, — véritable image du chaos dans ses enseignements, — n'inspirera jamais à personne l'amour de l'harmonie, de la suite et de la méthode dans le travail.

Ne voyez-vous donc pas qu'avec vos méthodes d'enseignement, élaborées par un ministère pour huit millions d'écoliers qui représentent huit millions de capacités différentes, vous ne faites qu'imposer un système bon pour des médiocrités, imaginé par une moyenne de médiocrités. Votre école devient une université de la paresse, comme votre prison est une université du crime. Rendez donc l'école libre, abolissez vos grades universitaires, faites appel aux volontaires de l'enseignement, — commencez par là, au lieu d'édicter contre la paresse des lois qui ne feront que l'enrégimenter.

Donnez à l'ouvrier qui ne peut s'astreindre à fabriquer une minuscule partie d'un article quelconque, qui étouffe auprès d'une petite machine à tarauder qu'il finit par haïr, donnez-lui la possibilité de travailler la terre, d'abattre des arbres dans la forêt, de courir en mer contre la tempête, de sillonner l'espace sur la locomotive. Mais n'en faites pas un paresseux en le forçant, toute sa vie, à surveiller une petite machine à poinçonner la tête d'une vis ou à percer le trou d'une aiguille!

Supprimez seulement les causes qui font les paresseux, et croyez qu'il ne restera guère d'individus haïssant réellement le travail, et surtout le travail volontaire, que besoin ne sera d'un arsenal de lois pour statuer sur leur compte.

LE SALARIAT COLLECTIVISTE

I

Dans leurs plans de reconstruction de la société, les collectivistes commettent, à notre avis, une double erreur. Tout en parlant d'abolir le régime capitaliste, ils voudraient maintenir, néanmoins, deux institutions qui font le fond de ce régime : le gouvernement représentatif et le salariat.

Pour ce qui concerne le gouvernement soi-disant représentatif, nous en avons souvent parlé. Il nous reste absolument incompréhensible que des hommes intelligents — et le parti collectiviste n'en manque pas — puissent rester partisans des parlements nationaux ou municipaux, après toutes les leçons que l'histoire nous a données à ce sujet, en France, en Angleterre, en Allemagne, en Suisse ou aux Etats-Unis.

Tandis que de tous côtés nous voyons le régime parlementaire s'effondrer, et que de tous côtés surgit la critique *des principes mêmes* du système, — non plus seulement de ses applications, — comment se fait-il que des socialistes-révolutionnaires défendent ce système, condamné à mourir ?

Elaboré par la bourgeoisie pour tenir tête à la royauté, consacrer en même temps et accroître sa domination sur les travailleurs, le système parlementaire est la forme, par excellence, du régime bourgeois. Les coryphées de ce système n'ont jamais soutenu sérieusement qu'un parlement ou un conseil municipal représente la nation ou la cité : les plus intelligents d'entre eux savent que c'est impossible. Par le régime parlementaire la bourgeoisie a simplement cherché à opposer une digue à la royauté, sans donner la liberté au peuple. Mais à mesure que le peuple devient plus conscient de ses intérêts et que la variété des intérêts se multiplie, le système ne peut plus fonctionner. Aussi, les démocrates de tous pays imaginent-ils vainement des palliatifs divers. On essaie le *referendum* et on trouve qu'il ne vaut rien; on parle de représentation proportionnelle, de représentation des minorités, — autres utopies parlementaires. — On s'évertue, en un mot, à la recherche de l'introuvable; mais on est forcé de reconnaître que l'on fait fausse route, et la confiance en un gouvernement représentatif disparaît.

. . . .

Il en est de même pour le salariat : car, après avoir proclamé l'abolition de la propriété privée et la possession en commun des instruments de travail, comment peut-on réclamer, sous une forme ou sous une autre, le maintien du salariat ? C'est pourtant ce que font les collectivistes en préconisant les *bons de travail.*

On comprend que les socialistes anglais du commencement de ce siècle aient inventé les bons de travail. Ils cherchaient simplement à mettre d'accord le Capital et le Travail. Ils répudiaient toute idée de toucher violemment à la propriété des capitalistes.

Si, plus tard, Proudhon reprit cette invention, cela se comprend encore. Dans son système mutuelliste, il cherchait à rendre le Capital moins offensif, malgré le maintien de la propriété individuelle, qu'il détestait du fond du cœur, mais qu'il croyait nécessaire comme garantie à l'individu contre l'Etat.

Que des économistes plus ou moins bourgeois admettent aussi les bons de travail, cela n'étonne pas davantage. Il leur importe peu que le travailleur soit payé en bons de travail ou en monnaie à l'effigie de la République ou de l'Empire. Ils tiennent à sauver dans la débâcle prochaine la propriété individuelle des maisons habitées, du sol, des usines, en tout cas celle des maisons habitées et du Capital nécessaire à la production manufacturière. Et pour garder cette propriété, les bons de travail feraient très bien leur affaire.

Pourvu que le bon de travail puisse être échangé contre des bijoux et des voitures, le propriétaire de la maison l'acceptera volontiers comme prix du loyer. Et tant que la maison habitée, le champ et l'usine appartiendront à des propriétaires isolés, force sera de les payer d'une façon quelconque pour travailler dans leurs champs ou dans leurs usines, et loger dans leurs maisons. Force également sera de payer le travailleur en or, en papier-monnaie ou en bons échangeables contre toute sorte de marchandises.

Mais comment peut-on défendre cette nouvelle forme du salariat — le bon de travail — si on admet que la maison, le champ et l'usine ne sont plus propriété privée, qu'ils appartiennent à la commune ou à la nation ?

II

Examinons de plus près ce système de rétribution du travail, prôné par les collectivistes français, allemands, anglais et italiens [1].

Il se réduit à peu près à ceci : Tout le monde travaille, dans les champs, les usines, les écoles, les hôpitaux, etc. La journée de travail est réglée par l'Etat, auquel appartiennent la terre, les usines, les voies de communication, etc. Chaque journée de travail est échangée contre un *bon de travail*, qui porte, disons, ces mots : *huit heures de travail*. Avec ce *bon* l'ouvrier peut se procurer, dans les magasins de l'Etat ou des diverses corporations toute sorte de marchandises. Le *bon* est divisible, en sorte que l'on peut acheter pour une heure de travail de viande, pour dix minutes d'allumettes, ou bien une demi-heure de tabac. Au lieu de dire : quatre sous de

1. Les anarchistes espagnols, qui se laissent encore appeler collectivistes, entendent par ce mot la possession en commun des instruments de travail, et « la liberté, pour chaque groupe, d'en répartir les produits comme il l'entend, — selon les principes communistes ou de toute autre façon.

savon, on dirait, après la Révolution collectiviste : cinq minutes de savon.

La plupart des collectivistes, fidèles à la distinction établie par les économistes bourgeois (et par Marx) entre le travail *qualifié* et le travail *simple*, nous disent en outre que le travail *qualifié*, ou professionnel, devra être payé un certain nombre de fois plus que le travail *simple*. Ainsi, une heure de travail du médecin devra être considérée comme équivalente à deux ou trois heures de travail de la garde-malade, ou bien à trois heures du terrassier. « Le travail professionnel ou qualifié sera un multiple du travail simple », nous dit le collectiviste Groenlund, parce que ce genre de travail demande un apprentissage plus ou moins long.

D'autres collectivistes, tels que les marxistes français, ne font pas cette distinction. Ils proclament « l'égalité des salaires. » Le docteur, le maître d'école et le professeur seront payés (en bons de travail) au même taux que le terrassier. Huit heures passées à faire la tournée de l'hôpital vaudront autant que huit heures passées à des travaux de terrassement, ou bien dans la mine ou la fabrique.

Quelques-uns font une concession de plus ; ils admettent que le travail désagréable ou malsain, — tel que celui des égouts — pourra être payé à un taux plus élevé que le travail agréable. Une heure de service des égouts comptera, disent-ils, comme deux heures de travail du professeur.

Ajoutons que certains collectivistes admettent la rétribution en bloc, par corporations. Ainsi, une corporation dirait : « Voici cent tonnes d'acier. Pour les produire nous étions cent travailleurs, et nous avons mis dix jours. Notre journée ayant été de huit heures, cela fait huit mille heures de travail pour cent tonnes d'acier ; soit, huit heures la tonne. » Sur quoi l'Etat leur paierait huit mille bons de travail d'une heure chacun, et ces huit mille bons seraient répartis entre les membres de l'usine, comme bon leur semblerait.

D'autre part, cent mineurs ayant mis vingt jours pour extraire huit mille tonnes de charbon, le charbon vaudrait deux heures la tonne, et les seize mille bons d'une heure chacun, reçus par la corporation des mineurs, seraient répartis entre eux selon leurs appréciations.

Si les mineurs protestaient et disaient que la tonne d'acier ne doit coûter que six heures de travail, au lieu de huit ; si le professeur voulait faire payer sa journée deux fois plus que la garde-malade, — alors l'Etat interviendrait et réglerait leurs différends.

Telle est, en peu de mots, l'organisation que les collectivistes veulent faire surgir de la Révolution sociale. Comme on le voit, leurs principes sont : propriété collective des instruments de travail et rémunération de chacun selon le temps employé à produire, en tenant compte de la productivité de son travail. Quant au régime politique, ce serait le parlementarisme, modifié par le mandat impératif et le *referendum*, c'est-à-dire, le plébiscite par *oui* ou par *non*.

Disons tout d'abord que ce système nous semble absolument irréalisable.

Les collectivistes commencent par proclamer un principe révolutionnaire — l'abolition de la propriété privée — et ils le nient sitôt proclamé, en maintenant une organisation de la production et de la consommation qui est née de la propriété privée.

Ils proclament un principe révolutionnaire et ignorent les conséquences que ce principe doit inévitablement amener. Ils oublient que le fait même d'abolir la propriété individuelle des instruments de travail (sol, usines, voies de communication, capitaux) doit lancer la société en des voies absolument nouvelles ; qu'il doit bouleverer de fond en comble la production, aussi bien dans son objet que dans ses moyens ; que toutes les relations quotidiennes entre individus doivent être modifiées, dès que la terre, la machine et le reste sont considérés comme possession commune.

« Point de propriété privée », disent-ils, et aussitôt ils s'empressent de maintenir la propriété privée dans ses manifestations quotidiennes. « Vous serez une Commune quant à la production ; les champs, les outils, les machines, tout ce qui a été fait jusqu'à ce jour, manufactures, chemins de fer, ports, mines, etc., tout cela est à vous. On ne fera pas la moindre distinction concernant la part de chacun dans cette propriété collective.

« Mais dès le lendemain, vous vous disputerez minutieusement la part que vous allez prendre à la création de nouvelles machines, au percement de nouvelles mines. Vous chercherez à peser exactement la part qui reviendra à chacun dans la nouvelle production. Vous compterez vos minutes de travail et veillerez à ce qu'une minute de votre voisin ne puisse pas acheter plus de produits que la vôtre.

« Et puisque l'heure ne mesure rien, puisque dans telle manufacture un travailleur peut surveiller six métiers de tissage à la fois, tandis que dans telle autre usine il n'en surveille que deux, vous pèserez la force musculaire, l'énergie cérébrale et l'énergie nerveuse que vous aurez dépensées. Vous calculerez strictement les années d'apprentissage pour évaluer la part de chacun dans la production future. Tout cela, après avoir déclaré que vous ne tenez aucun compte de la part qu'il peut avoir prise dans la production passée. »

Eh bien, pour nous, il est évident qu'une société ne peut pas s'organiser sur deux principes absolument opposés, deux principes qui se contredisent continuellement. Et la nation ou la commune qui se donnerait une pareille organisation serait forcée, ou bien de revenir à la propriété privée, ou bien de se transformer immédiatement en société communiste.

III

Nous avons dit que certains écrivains collectivistes demandent qu'on établisse une distinction entre le travail *qualifié* ou professionnel et le travail *simple*. Ils prétendent que l'heure de travail de l'ingénieur, de l'architecte ou du médecin, doit être comptée comme deux ou trois heures de travail du forgeron, du maçon ou de la garde-malade. Et la même distinction, disent-ils, doit être faite entre toute espèce de métier exigeant un apprentissage plus ou moins long et ceux des simples journaliers.

Eh bien, établir cette distinction, c'est maintenir toutes les inégalités de la société actuelle. C'est tracer d'avance une démarcation entre les travailleurs et ceux qui prétendent les gouverner. C'est diviser la société en deux classes bien distinctes : l'aristocratie du savoir, au-dessus de la plèbe des bras calleux; l'une, vouée au service de l'autre ; l'une, travaillant de ses bras pour nourrir et vêtir ceux qui profitent de leurs loisirs afin d'apprendre à dominer leurs nourriciers.

C'est plus encore reprendre un des traits distinctifs de la société actuelle et lui donner la sanction de la Révolution sociale. C'est ériger en principe un abus que l'on condamne aujourd'hui dans la vieille société qui s'effondre.

Nous savons ce que l'on va nous répondre. On nous parlera de « socialisme scientifique. » On citera les économistes bourgeois — et Marx aussi — pour démontrer que l'échelle des salaires a sa raison d'être, puisque « la force de travail » de l'ingénieur aura plus coûté à la société que « la force de travail » du terrassier? En effet les économistes n'ont-ils pas cherché à nous prouver que si l'ingénieur est payé vingt fois plus que le terrassier, c'est parce que les frais « nécessaires » pour faire un ingénieur sont plus considérables que ceux qui sont nécessaires pour faire un terrassier ? Et Marx n'a-t-il pas prétendu que la même distinction est également logique entre diverses branches de travail manuel ? Il devait conclure ainsi, puisqu'il avait repris pour son compte la théorie de Ricardo sur la valeur et soutenu que les produits s'échangent en proportion de la quantité de travail socialement nécessaire à leur production.

Mais nous savons aussi à quoi nous en tenir à ce sujet. Nous savons que si l'ingénieur, le savant et le docteur sont payés aujourd'hui dix ou cent fois plus que le travailleur, et que si le tisseur gagne trois fois plus que l'agriculteur et dix fois plus que l'ouvrière d'une fabrique d'allumettes, ce n'est pas en raison de leurs « frais de production. » C'est en raison d'un monopole d'éducation ou du monopole de l'industrie. L'ingénieur, le savant et le docteur exploitent tout bonnement un capital, — leur brevet, — comme le bourgeois exploite une usine, ou comme le noble exploitait ses titres de naissance.

Quant au patron qui paie l'ingénieur vingt fois plus que le travailleur, c'est en raison de ce calcul bien simple : si l'ingénieur peut lui économiser cent mille francs par an sur la production, il lui paye vingt mille francs. Et s'il voit un contre-maître, — habile à faire suer les ouvriers, — qui lui économise dix mille francs sur la main d'œuvre, il s'empresse de lui donner deux ou trois mille francs par an. Il lâche un millier de francs en plus là où il compte en gagner dix, et c'est là l'essence du régime capitaliste. Il en est de même des différences entre les divers métiers manuels.

Qu'on ne vienne donc pas nous parler des « frais de production » que coûte la force de travail, et nous dire qu'un étudiant, qui a passé gaiement sa jeunesse à l'université, a *droit* à un salaire dix fois plus élevé que le fils du mineur qui s'est étiolé dans la mine dès l'âge de onze ans, ou qu'un tisserand a *droit* à un salaire trois ou quatre fois plus élevé que celui de l'agriculteur. Les frais nécessaires pour produire un tisserand ne sont pas quatre fois plus considérables que les frais nécessaires pour produire un paysan. Le tisserand bénéficie simplement des avantages dans lesquels l'industrie est placée en Europe, par rapport aux pays qui n'ont pas encore d'industrie.

Personne n'a jamais calculé ces *frais de production*. Et si un fainéant coûte bien plus à la société qu'un travailleur, reste encore à savoir si, tout compté, — mortalité des enfants ouvriers, anémie qui les ronge et morts prématurées, — un robuste journalier ne coûte pas plus à la société qu'un artisan.

Voudra-t-on nous faire croire, par exemple, que le salaire de trente sous que l'on paie à l'ouvrière parisienne, les six sous de la paysanne d'Auvergne qui s'aveugle sur les dentelles, ou les quarante sous par jour du paysan représentent leurs « frais de production ». Nous savons bien qu'on travaille souvent pour moins que cela, mais nous savons aussi qu'on le fait exclusivement parce que, grâce à notre superbe organisation, il faut mourir de faim sans ces salaires dérisoires.

Pour nous l'échelle des salaires est un produit très complexe des impôts, de la tutelle gouvernementale, de l'accaparement capitaliste, du monopole, — de l'Etat et du Capital en un mot. — Aussi disons-nous que toutes les théories sur l'échelle des salaires ont été inventées après coup pour justifier les injustices existant actuellement, et que nous n'avons pas à en tenir compte.

On ne manquera pas non plus de nous dire que l'échelle collectiviste des salaires serait cependant un progrès. — « Il vaudra mieux, dira-t-on, voir certains ouvriers toucher une somme deux ou trois fois supérieure à celle du commun, que des ministres empocher en un jour ce que le travailleur ne parvient pas à gagner en un an. Ce serait toujours un pas vers l'égalité. »

Pour nous, ce pas serait un progrès à rebours. Introduire dans une société nouvelle la distinction entre le travail simple et le travail professionnel aboutirait, nous l'avons dit, à faire sanctionner par la Révolution et ériger en principe un fait brutal que nous subissons aujourd'hui, mais que néanmoins nous trouvons injuste. Ce serait imiter ces messieurs du 4 août 1789, qui proclamaient l'abolition des droits féodaux avec phrases à effet, mais qui, le 8 août, sanctionnaient ces mêmes droits en imposant aux paysans des redevances pour les racheter aux seigneurs, qu'ils mettaient sous la sauvegarde de la Révolution. Ce serait encore imiter le gouvernement russe, proclamant, lors de l'émancipation des serfs, que la terre appartiendrait désormais aux seigneurs, tandis qu'auparavant c'était un abus que de disposer des terres appartenant aux serfs.

Ou bien, pour prendre un exemple plus connu : lorsque la Commune de 1871 décida de payer les membres du Conseil de la Commune quinze francs par jour, tandis que les fédérés aux remparts ne touchaient que trente sous, cette décision fut acclamée comme un acte de haute démocratie égalitaire. En réalité, la Commune ne faisait que ratifier la vieille inégalité entre le fonctionnaire et le soldat, le gouvernement et le gouverné. De la part d'une chambre opportuniste, pareille décision eût pu paraître admirable: mais la Commune manquait ainsi à son principe révolutionnaire et, par cela même, le condamnait.

Dans la société actuelle, lorsque nous voyons un ministre se payer cent mille francs par an, tandis que le travailleur doit se contenter de mille, ou de moins; lorsque nous voyons le contre-maître payé deux ou trois fois plus que l'ouvrier, et qu'entre les ouvriers même, il y a toutes les gradations, depuis dix francs par jour jusqu'aux six sous de la paysanne, nous désapprouvons le salaire élevé du ministre, mais aussi la différence entre les dix francs de l'ouvrier et les six sous de la pauvre femme. Et nous disons : « A bas les privilèges de l'éducation, aussi bien que ceux de la naissance! » Nous sommes anarchistes, précisément parce que ces privilèges nous révoltent.

Ils nous révoltent déjà dans cette société autoritaire. Pourrions-nous les supporter dans une société qui débuterait en proclamant l'Égalité ?

Voilà pourquoi certains collectivistes, comprenant l'impossibilité de maintenir l'échelle des salaires dans une société inspirée du souffle de la Révolution, s'empressent de proclamer que les salaires seront égaux. Mais ils se butent contre de nouvelles difficultés, et leur égalité des salaires devient une utopie tout aussi irréalisable que l'échelle des autres collectivistes.

Une société qui se sera emparée de toute la richesse sociale, et qui aura hautement proclamé que *tous* ont droit à cette richesse, — quelque part qu'ils aient prise antérieurement à la créer, — sera forcée d'abandonner toute idée de salariat, soit en monnaie, soit en bons de travail, sous quelque forme qu'on le présente.

IV

« A chacun selon ses œuvres », disent les collectivistes, ou, en d'autres termes, selon sa part de services rendus à la société. Et ce principe, on le recommande comme devant être mis en pratique dès que la Révolution aura mis en commun les instruments de travail et tout ce qui est nécessaire à la production !

Eh bien, si la Révolution sociale avait le malheur de proclamer ce principe, ce serait enrayer le développement de l'humanité; ce serait abandonner, sans le résoudre, l'immense problème social que les siècles passés nous ont mis sur les bras.

En effet, dans une société telle que la nôtre, où nous voyons que plus l'homme travaille, moins il est rétribué, ce principe peut paraître de prime-abord comme une aspiration vers la justice. Mais, au fond, il n'est que la consécration des injustices du passé. C'est par ce principe que le salariat a débuté, pour aboutir aux inégalités criantes, à toutes les abominations de la société actuelle, parce que, du jour où l'on commença à évaluer, en monnaie ou en toute autre espèce de salaire, les services rendus — du jour où il fut dit que chacun n'aurait que ce qu'il réussirait à se faire payer pour ses œuvres, toute l'histoire de la société capitaliste (l'Etat aidant) était écrite d'avance; elle était renfermée, en germe, dans ce principe.

Devons-nous donc revenir au point de départ et refaire à nouveau la même évolution? — Nos théoriciens le veulent ; mais heureusement c'est impossible : la Révolution, nous l'avons dit, sera communiste ; sinon, noyée dans le sang, elle devra être recommencée.

Les services rendus à la société — que ce soit un travail dans l'usine ou dans les champs, ou bien des services moraux *ne peuvent pas* être évalués en unités monétaires. Il ne peut y avoir de mesure exacte de la valeur, de ce qu'on a nommé improprement valeur d'échange, ni de la valeur d'utilité, par rapport à la production. Si nous voyons deux individus travaillant l'un et l'autre pendant des années, cinq heures par jour, pour la communauté, à différents travaux qui leur plaisent également, nous pouvons dire que, somme toute, leurs travaux sont à peu près équivalents. Mais on ne peut pas fractionner leur travail, et dire que le produit de chaque journée, de chaque heure ou de chaque minute de travail de l'un vaut le produit de chaque minute et de chaque heure de l'autre.

On peut dire *grosso modo* que l'homme qui, sa vie durant, s'est privé de loisir pendant dix heures par jour, a donné à la société beaucoup plus que celui qui ne s'est privé de loisir que cinq heures par jour ou qui ne s'en est pas privé du tout. Mais on ne peut pas prendre ce qu'il a fait pendant deux heures et dire que ce produit vaut deux fois plus que le produit d'une heure de travail d'un autre individu, et le rémunérer en proportion. Ce serait méconnaître tout ce qu'il y a de complexe dans l'industrie, l'agriculture, la vie entière de la société actuelle ; ce serait ignorer jusqu'à quel point tout travail de l'individu est le résultat des travaux antérieurs et présents de la société entière. Ce serait se croire dans l'âge de pierre, tandis que nous vivons dans l'âge de l'acier.

Entrez dans une mine de charbon et voyez cet homme, posté près de l'immense machine qui fait monter et descendre la cage. Il tient en main le levier qui arrête et renverse la marche de la machine; il l'abaisse et la cage rebrousse chemin en un clin d'œil; il la lance en haut, en bas avec une vitesse vertigineuse. Tout attention, il suit des yeux sur le mur un indicateur qui lui montre, sur une petite échelle, à quel endroit du puits se trouve la cage à chaque instant de sa marche, et dès que l'indicateur a atteint un certain niveau, il arrête soudain l'élan de la cage pas un mètre plus haut, ni plus bas que la ligne voulue. Et, à peine a-t-on déchargé les bennes remplies de charbon et poussé les bennes vides, qu'il renverse le levier et renvoie de nouveau la cage dans l'espace.

Pendant huit, dix heures de suite, il soutient cette prodigieuse d'attention. Que son cerveau se relâche un seul moment, et la cage ira heurter et briser les roues, rompre le câble, écraser les hommes, arrêter tout le travail de la mine. Qu'il perde trois secondes à chaque coup de levier, et, — dans les mines perfectionnées modernes, — l'extraction est réduite de vingt à cinquante tonneaux par jour.

Est-ce lui qui rend le plus grand service dans la mine? Est ce, peut-être, ce garçon qui lui sonne d'en bas le signal de remonter la cage? Est-ce le mineur qui à chaque instant risque sa vie au fond du puits et qui sera un jour tué par le grisou? Ou encore l'ingénieur qui perdrait la couche de charbon et ferait creuser dans la pierre à une simple erreur d'addition dans ses calculs? Ou bien, enfin, le propriétaire qui a engagé tout son patrimoine et qui a, peut être dit, contrairement à toutes les prévisions : « Creusez ici, vous trouverez un excellent charbon. »

Tous les travailleurs engagés dans la mine contribuent, dans la mesure de leurs forces, de leur énergie, de leur savoir, de leur intelligence et de leur habileté, à extraire le charbon. Et nous pouvons dire que tous ont le droit de *vivre*, de satisfaire à leurs besoins, et même à leurs fantaisies, après que le nécessaire pour tous aura été assuré. Mais, comment pouvons-nous évaluer leurs *œuvres* ?

Et puis, le charbon qu'ils auront extrait est-il *leur* œuvre ? N'est-il pas aussi l'œuvre de ces hommes qui ont bâti le chemin de fer menant à la mine et les routes qui rayonnent de tous ses stations ? N'est-il pas aussi l'œuvre de ceux qui ont labouré et ensemencé les champs, extrait le fer, coupé le bois dans la forêt, bâti les machines qui brûleront le charbon, et ainsi de suite ?

Aucune distinction ne peut être faite entre les œuvres de chacun. Les mesurer par les résultats nous mène à l'absurde. Les fractionner et les mesurer par les heures de travail nous mène aussi à l'absurde. Reste une chose : placer les *besoins* au-dessus des *œuvres*, et reconnaître le droit à la vie d'abord, à l'aisance ensuite pour tous ceux qui prendront une certaine part à la production.

Mais prenez toute autre branche de l'activité humaine, prenez l'ensemble des manifestations de l'existence : Lequel d'entre nous peut réclamer une rétribution plus forte pour ses œuvres ? Est-ce le médecin qui a deviné la maladie, ou la garde-malade qui a assuré la guérison par ses soins hygiéniques ?

Est-ce l'inventeur de la première machine à vapeur, ou le garçon qui, un jour, las de tirer la corde qui servait jadis à ouvrir la soupape pour faire entrer la vapeur sous le piston, attacha cette corde au levier de la machine et alla jouer avec ses camarades, sans se douter qu'il avait inventé le mécanisme essentiel de toute machine moderne — la soupape automatique ?

Est-ce l'inventeur de la locomotive, ou cet ouvrier de Newcastle, qui suggéra de remplacer par des traverses en bois les pierres que l'on mettait jadis sous les rails et qui faisaient dérailler les trains faute d'élasticité ? Est-ce le mécanicien sur la locomotive ? l'homme qui, par ses signaux, arrête les trains ? l'aiguilleur qui leur ouvre les voies ?

A qui devons-nous le câble transatlantique ? Serait-ce à l'ingénieur qui s'obstinait à affirmer que le câble transmettrait les dépêches, tandis que les savants électriciens déclaraient la chose impossible ? A Maury, le savant qui conseilla d'abandonner les gros câbles pour d'autres aussi minces qu'une canne ? Ou bien encore à ces volontaires venus on ne sait d'où, qui passaient nuit et jour sur le pont à examiner minutieusement chaque mètre du câble pour enlever les clous que les actionnaires des compagnies maritimes faisaient enfoncer bêtement dans la couche isolante du câble, afin de le mettre hors de service ?

Et, dans un domaine encore plus vaste, le vrai domaine de la vie humaine avec ses joies, ses douleurs et ses accidents, — chacun de nous ne nommera-t-il pas quelqu'un qui lui aura rendu dans sa vie un service si important, qu'il s'indignerait si on parlait de l'évaluer en monnaie? Ce service pouvait être un mot, rien qu'un mot dit à temps ; ou bien ce furent des mois et des années de dévouement. — Allez-vous aussi évaluer ces services, « incalculables » « en bons de travail? »

« Les œuvres de chacun! » — Mais les sociétés humaines ne vivraient pas deux générations de suite, elles disparaîtraient dans cinquante ans, si chacun ne donnait infiniment plus que ce dont il sera rétribué en monnaie, en « bons », ou en récompenses civiques. Ce serait l'extinction de la race, si la mère n'usait sa vie pour conserver celles de ses enfants, si chaque homme ne donnait quelque chose, sans rien compter, si l'homme ne donnait surtout là où il n'attend aucune récompense.

Et si la société bourgeoise dépérit; si nous sommes aujourd'hui dans un cul-de-sac dont nous ne pouvons sortir sans porter la torche et la hache sur les institutions du passé, c'est précisément faute d'avoir trop compté. C'est faute de nous être laissé entraîner à ne *donner* que pour *recevoir*, c'est pour avoir voulu faire de la société une compagnie commerciale basée sur le *doit* et *avoir*.

Les collectivistes, d'ailleurs, le savent. Ils comprennent vaguement qu'une société ne pourrait pas exister si elle poussait à bout le principe : « A chacun selon ses œuvres. » Ils se doutent que les *besoins*, — nous ne parlons pas des fantaisies, — les besoins de l'individu ne correspondent pas toujours à ses *œuvres*. Aussi De Paepe nous dit-il :

« Ce principe — éminemment individualiste —

» serait, du reste, *tempéré* par l'intervention sociale » pour l'éducation des enfants et des jeunes gens (y » compris l'entretien et la nourriture) et par l'orga- » nisation sociale de l'assistance des infirmes et des » malades, de la retraite pour les travailleurs âgés, » etc. »

Ils se doutent que l'homme de quarante ans, père de trois enfants, a d'autres besoins que le jeune homme de vingt. Ils se doutent que la femme qui allaite son petit et passe des nuits blanches à son chevet, ne peut pas faire autant d'*œuvres* que l'homme qui a tranquillement dormi. Ils semblent comprendre que l'homme et la femme usés à force d'avoir, peut-être, trop travaillé pour la société, peuvent se trouver incapables de faire autant d'*œuvres* que ceux qui auront passé leurs heures à la douce et empoché leurs « bons » dans des situations privilégiées de statisticiens de l'Etat.

Et ils s'empressent de *tempérer* leur principe. — « Mais oui, disent-ils, la société nourrira et élèvera ses enfants ! Mais oui, elle assistera les vieillards et les infirmes ! Mais oui, les *besoins* seront la mesure des frais que la société s'imposera pour tempérer le principe des œuvres. »

La charité — quoi ! La charité, toujours la charité chrétienne, organisée cette fois-ci par l'Etat.

Améliorer la maison des enfants trouvés, organiser l'assurance contre la vieillesse et la maladie, — et le principe sera tempéré ! — « Blesser pour guérir ensuite » ils n'en sortent pas !

Ainsi donc, après avoir nié le communisme, après avoir raillé à leur aise la formule « A chacun selon ses besoins », ne voilà-t-il pas qu'ils s'aperçoivent aussi, les grands économistes, qu'ils ont oublié quel-

que chose -- les besoins des producteurs. — Et ils s'empressent de les reconnaître. Seulement, c'est à l'Etat de les apprécier; à l'Etat de vérifier si les besoins ne sont pas disproportionnés aux œuvres.

L'Etat fera l'aumône. De là, à la loi des pauvres et au workhouse anglais, il n'y a qu'un pas.

Il n'y a plus qu'un seul pas, parce que même cette société marâtre contre laquelle on se révolte, s'est aussi vu forcée de *tempérer* son principe d'individualisme; elle a aussi dû faire des concessions dans un sens communiste et sous la même forme de charité.

Elle aussi distribue des dîners d'un sou pour prévenir le pillage de ses boutiques. Elle aussi bâtit des hôpitaux, — souvent très mauvais, mais quelquefois splendides, — pour prévenir le ravage des maladies contagieuses. Elle aussi, après n'avoir payé que les heures de travail, recueille les enfants de ceux qu'elle a réduits à la dernière des misères. Elle aussi tient compte des besoins — par la charité.

La misère — avons-nous dit ailleurs — fut la cause première des richesses. Ce fut elle qui créa le premier capitaliste. Car, avant d'accumuler « la plus-value » dont on aime tant à causer, encore fallait-il qu'il y eût des misérables qui consentissent à vendre leur force de travail pour ne pas mourir de faim. C'est la misère qui a fait les riches. Et si les progrès en furent rapides dans le cours du moyen-âge, c'est parce que les invasions et les guerres qui suivirent la création des Etats et l'enrichissement par l'exploitation en Orient brisèrent les liens qui unissaient jadis les communautés agraires et urbaines et les amenèrent à proclamer, en lieu et place de la solidarité qu'elles pratiquaient autrefois, ce principe du salariat, si cher aux exploiteurs.

Et c'est ce principe qui sortirait de la Révolution et que l'on oserait appeler du nom de « Révolution sociale » — de ce nom si cher aux affamés, aux souffrants et aux opprimés ?

Il n'en sera pas ainsi. Car le jour où les vieilles institutions croûleront sous la hache des prolétaires, on entendra des voix qui crieront : « Le pain, le gîte, et l'aisance pour tous ! »

Et ces voix seront écoutées, le peuple se dira : « Commençons par satisfaire la soif de vie, de gaieté, de liberté que nous n'avons jamais étanchée. Et, quand tous auront goûté de ce bonheur, nous nous mettrons à l'œuvre : démolition des derniers vestiges du régime bourgeois, de sa morale, puisée dans les livres de comptabilité, de sa philosophie du « doit et avoir », de ses institutions du tien et du mien. « En démolissant, nous édifierons », comme disait Proudhon ; nous édifierons au nom du Communisme et de l'Anarchie. »

CONSOMMATION ET PRODUCTION

I

Envisageant la société et son organisation politique à un tout autre point de vue que les écoles autoritaires, puisque nous partons de l'individu libre pour arriver à une société libre, au lieu de commencer par l'Etat pour descendre jusqu'à l'individu, — nous suivons la même méthode pour les questions économiques. Nous étudions les besoins de l'individu et les moyens auxquels il a recours pour les satisfaire, avant de discuter la production, l'échange, l'impôt, le gouvernement, etc.

De prime-abord, la différence peut sembler minime. Mais au fait, elle bouleverse toutes les notions de l'économie politique officielle.

Ouvrez n'importe quel ouvrage d'un économiste.

Il débute par la PRODUCTION, l'analyse des moyens employés aujourd'hui pour créer la richesse, la division du travail, la manufacture, l'œuvre de la machine, l'accumulation du capital. Depuis Adam Smith jusqu'à Marx, tous ont procédé de cette façon. Dans la deuxième ou la troisième partie de son ouvrage seulement, il traitera de la CONSOMMATION, c'est-à-dire de la satisfaction des besoins de l'individu ; et encore, se bornera-t-il à expliquer comment les richesses se répartiront entre ceux qui s'en disputent la possession.

On dira, peut-être, que c'est logique : qu'avant de satisfaire des besoins il faut créer ce qui peut les satisfaire ; qu'il faut *produire* pour *consommer*. Mais, avant de produire quoi que ce soit — ne faut-il pas en sentir le *besoin* ? N'est-ce pas la nécessité qui d'abord poussa l'homme à chasser, — à élever le bétail, à cultiver le sol, à faire des ustensiles et, plus tard encore — à inventer et faire des machines ? N'est-ce pas aussi l'étude des besoins qui devrait gouverner la production ? — Il serait donc, pour le moins, tout aussi logique de commencer par là et de voir ensuite, comment il faut s'y prendre pour subvenir à ces besoins par la production.

C'est précisément ce que nous faisons.

Mais dès que nous l'envisageons à ce point de vue, l'économie politique change totalement d'aspect. Elle cesse d'être une simple description des faits et devient une *science*, au même titre que la physiologie : on peut la définir, *l'étude des besoins de l'humanité et des moyens de les satisfaire avec la moindre perte possible des forces humaines*. Son vrai nom serait *physiologie de la société*. Elle constitue une science parallèle à la physiologie des plantes ou des animaux qui, elle aussi, est l'étude des besoins de la plante ou de l'animal, et des moyens les plus avantageux de les satisfaire. Dans la série des sciences sociologiques, l'économie des sociétés humaines vient prendre la place occupée dans la série des sciences biologiques par la physiologie des êtres organisés.

Nous disons : « Voici des êtres humains, réunis en société. Tous sentent le besoin d'habiter des maisons salubres. La cabane du sauvage ne les satisfait plus. Ils demandent un abri solide, plus ou moins confortable. — Il s'agit de savoir si, étant donnée la productivité du travail humain, ils pourront avoir chacun sa maison, et ce qui les empêcherait de l'avoir ? »

Et nous voyons tout de suite que chaque famille en Europe pourrait parfaitement avoir une maison confortable, comme on en bâtit en Angleterre et en Belgique ou à la cité Pulman, ou bien un appartement correspondant. Un certain nombre de journées de travail suffiraient pour procurer à une famille de sept à huit personnes une jolie maisonnette aérée, bien aménagée et éclairée au gaz.

Mais les neuf dixièmes des Européens n'ont jamais possédé une maison salubre, parce que de tout temps, l'homme du peuple a dû travailler au jour le jour, presque continuellement à satisfaire les besoins de ses gouvernants, et n'a jamais eu l'avance nécessaire, en temps et en argent, pour bâtir ou faire bâtir la maison de ses rêves. Et il n'aura pas de maison, et habitera un taudis, tant que les conditions actuelles n'auront pas changé.

Nous procédons, on le voit, tout au contraire des

économistes qui éternisent les prétendues *lois* de la production et, faisant le compte des maisons que l'on *bâtit* chaque année, démontrent par la statistique que les maisons nouvellement bâties ne suffisant pas pour satisfaire toutes les demandes, les neuf dixièmes des Européens *doivent* habiter des taudis.

Passons à la nourriture. Après avoir énuméré les bienfaits de la division du travail, les économistes prétendent que cette division exige que les uns s'appliquent à l'agriculture et les autres à l'industrie manufacturière. Les agriculteurs produisant tant, les manufactures tant, l'échange se faisant de telle façon, ils analysent la vente, le bénéfice, le produit net ou la plus-value, le salaire, l'impôt, la banque et ainsi de suite.

Mais, après les avoir suivis jusque-là, nous ne sommes pas plus avancés, et si nous leur demandons : « Comment se fait-il que tant de millions d'êtres humains manquent de pain, tandis que chaque famille pourrait cependant produire du blé pour nourrir dix, vingt, et même cent personnes par an ? » ils nous répondent en recommençant la même antienne : division du travail, salaire, plus-value, capital, etc., aboutissant à cette conclusion que la production est insuffisante pour satisfaire à tous les besoins ; conclusion qui, alors même qu'elle serait vraie, ne répond nullement à la question : « L'homme peut-il, ou ne peut-il pas, en travaillant, produire le pain qu'il lui faut ? Et s'il ne le peut pas — qu'est-ce qui l'en empêche ? »

Voici 350 millions d'Européens. Il leur faut chaque année tant de pain, tant de viande, de vin, de lait, œufs et beurre. Il leur faut tant de maisons, tant de vêtements. C'est le minimum de leurs besoins. Peuvent-ils produire tout cela ? S'ils le peuvent, leur restera-t-il du loisir pour se procurer le luxe, les objets d'art, de science et d'amusement — en un mot, tout ce qui ne rentre pas dans la catégorie du strict nécessaire ? — Si la réponse est affirmative qu'est-ce qui les empêche d'aller de l'avant ? Qu'y a-t-il à faire pour aplanir les obstacles ? Faut-il du temps ? qu'ils le prennent ! Mais, ne perdons pas de vue l'objectif de toute production — la satisfaction des besoins.

Si les besoins les plus impérieux de l'homme restent sans satisfaction, que faut-il faire pour augmenter la productivité du travail ? Mais n'y a-t-il pas d'autres causes ? Ne serait-ce pas, entre autres, que la production, ayant perdu de vue les *besoins* de l'homme, a pris une direction absolument fausse et que l'organisation en est vicieuse ? Et puisque nous le constatons, en effet, cherchons le moyen de réorganiser la production, de façon qu'elle réponde réellement à tous les besoins.

Voilà la seule manière d'envisager les choses qui nous paraisse juste : la seule qui permettrait à l'économie politique de devenir une science, — la science de la physiologie sociale.

Il est évident que lorsque cette science traitera de la production, à l'œuvre actuellement chez les nations civilisées, dans la commune hindoue, ou chez les sauvages, — elle ne pourra guère exposer les faits autrement que les économistes d'aujourd'hui, comme un simple chapitre *descriptif*, analogue aux chapitres descriptifs de la zoologie ou de la botanique. Mais remarquons que si ce chapitre était fait au point de vue de l'économie des forces dans la satisfaction des besoins, il y gagnerait en netteté, aussi bien qu'en valeur scientifique. Il prouverait jusqu'à l'évidence le gaspillage effrayant des forces humaines par le système actuel, et admettrait avec nous que tant qu'il durera, les besoins de l'humanité ne seront jamais satisfaits.

Le point de vue, on le voit, serait entièrement changé. Derrière le métier qui tisse tant de mètres de toile, derrière la machine qui perce tant de plaques d'acier, et derrière le coffre-fort où s'engouffrent les dividendes, on verrait l'homme, l'artisan de la production, exclu le plus souvent du banquet qu'il a préparé pour d'autres. On comprendrait aussi que les prétendues lois de la valeur, de l'échange, etc., ne sont que l'expression, souvent très fausse, — le point de départ en étant faux, — de faits tels qu'ils se passent en ce moment, mais qui pourraient se passer, et se passeront tout différemment, quand la production sera organisée de manière à subvenir à tous les besoins de la société.

II

Il n'y a pas un seul principe de l'économie politique qui ne change totalement d'aspect si on se met à notre point de vue.

Occupons-nous, par exemple, de la surproduction. Voilà un mot qui résonne chaque jour à nos oreilles.

Y a-t-il, en effet, un seul économiste, académicien ou aspirant, qui n'ait soutenu des thèses prouvant que les crises économiques résultent de la surproduction : qu'à un moment donné on produit plus de cotonnades, de draps, de montres, qu'il n'en faut ! N'a-t-on pas accusé de « rapacité » les capitalistes qui s'entêtent à produire au delà de la consommation possible!

Eh bien, pareil raisonnement se montre faux dès qu'on creuse la question. En effet, nommez-nous une marchandise parmi celles qui sont d'usage universel, dont on produise plus que besoin n'en serait. Examinez un à un tous les articles expédiés par les pays de grande exportation et vous verrez que presque tous sont produits en quantités *insuffisantes* pour les habitants mêmes du pays qui les exporte.

Ce n'est pas un excédent de blé que le paysan russe envoie en Europe. Les plus fortes récoltes de blé et de seigle dans la Russie d'Europe donnent *juste* ce qu'il faut pour la population. Et généralement, le paysan se prive lui-même du nécessaire, quand il vend son blé ou son seigle pour payer l'impôt et la rente.

Ce n'est pas un excédent de charbon que l'Angleterre envoie aux quatre coins du globe, puisqu'il ne lui reste pour la consommation domestique intérieure que 750 kilos par an et par habitant, et que des millions d'Anglais se privent de feu en hiver ou ne l'entretiennent que juste assez pour faire bouillir quelques légumes. Au fait (nous ne parlons pas de la bimbeloterie de luxe), il n'y a dans le pays de la plus grande exportation, l'Angleterre, qu'une seule marchandise d'usage universel, la cotonnade, dont la production soit assez considérable pour dépasser *peut-être* les besoins. Et quand on pense aux loques qui remplacent le linge et les habits chez un bon tiers des habitants du Royaume Uni, on est porté à se demander si les cotonnades exportées ne feraient pas, à peu de chose près, le compte des besoins *réels* de la population.

Généralement, ce n'est pas un surplus que l'on exporte, dussent même les premières exportations avoir eu cette origine. La fable du cordonnier marchant pieds nus est vraie pour les nations, comme c'est elle l'était jadis pour l'artisan. Ce qu'on exporte le nécessaire, et cela se fait ainsi, parce que, avec leur salaire seul, les travailleurs ne peuvent pas acheter ce qu'ils ont produit, en payant les rentes, les bénéfices, l'intérêt du capitaliste et du banquier.

Non seulement le besoin toujours croissant de bien-être reste sans satisfaction, mais le strict nécessaire manque aussi trop souvent. La surproduction n'existe donc pas, du moins dans cette acception, et n'est qu'un mot inventé par les théoriciens de l'économie politique.

Tous les économistes nous disent que s'il y a une « loi » économique bien établie, c'est celle-ci : « L'homme produit plus qu'il ne consomme. » Après avoir vécu des produits de son travail il lui reste toujours un excédent. Une famille de cultivateurs produit de quoi nourrir plusieurs familles, et ainsi de suite.

Pour nous, cette phrase, si fréquemment répétée, est vide de sens. Si elle devait signifier que chaque génération laisse quelque chose aux générations futures — ce serait exact. En effet, un cultivateur plante un arbre qui vivra trente ou quarante ans, un siècle, et dont ses petits-fils cueilleront encore les fruits. S'il a défriché un hectare de sol vierge, l'héritage des générations à venir s'est accru d'autant. La route, le pont, le canal, la maison et ses meubles, sont autant de richesses léguées aux générations suivantes.

Mais ce n'est pas de cela qu'il s'agit. On nous dit que le cultivateur produit plus de blé qu'il n'en consomme. « On pourrait dire plutôt que l'Etat lui ayant toujours enlevé une bonne partie de ses produits sous forme d'impôt, le prêtre sous forme de dîme, et le propriétaire sous forme de rente, il s'est créé toute une classe d'hommes qui, autrefois, consommaient ce qu'ils produisaient — sauf la part laissée pour l'imprévu ou les dépenses faites sous forme d'arbres, de routes, etc., — mais qui aujourd'hui sont forcés de se nourrir de châtaignes ou de maïs, de boire de la piquette, le reste leur étant pris par l'Etat, le propriétaire, le prêtre et l'usurier.

Nous préférons dire : *Le cultivateur consomme moins qu'il ne produit*, parce qu'on l'oblige à coucher sur la paille et à vendre la plume ; à se contenter de piquette et à vendre le vin ; à manger le seigle et à vendre le froment.

Remarquons aussi qu'en prenant pour point de départ *les besoins* de l'individu, on arrive nécessairement au communisme, comme organisation permettant de satisfaire tous ces besoins de la façon la plus complète et la plus économique. Tandis qu'en partant de la production actuelle et en visant seulement le bénéfice ou la plus-value, mais sans se demander si la production répond à la satisfaction des besoins, on arrive nécessairement au capitalisme ou, tout au plus, au collectivisme — l'un et l'autre n'étant que des formes diverses de salariat.

En effet, quand on considère les besoins de l'individu et de la société et les moyens auxquels l'homme a eu recours pour les satisfaire, durant ses diverses phases de développement, on reste convaincu de la nécessité de solidariser les efforts, au lieu de les abandonner aux hasards de la production actuelle. On comprend que l'appropriation par quelques-uns de toutes les richesses non consommées et se transmettant d'une génération à l'autre, n'est pas dans l'intérêt général. On constate que de cette manière les besoins des trois quarts de la société risquent de ne pas être satisfaits, et que la dépense excessive de force humaine n'en est que plus inutile et plus criminelle.

On comprend enfin que l'emploi le plus avantageux de tous les produits est celui qui satisfait les besoins les plus pressants et que la valeur d'utilité ne dépend pas d'un simple caprice, ainsi qu'on l'a souvent affirmé, mais de la satisfaction qu'elle apporte à des besoins réels.

Le Communisme, — c'est-à-dire, une vue synthétique de la consommation, de la production et de l'échange et une organisation qui réponde à cette vue synthétique, — devient ainsi la conséquence logique de cette compréhension des choses, la seule, à notre avis, qui soit réellement scientifique.

Une société qui satisfera les besoins de tous, et qui saura organiser la production, devra en outre faire table rase de certains préjugés concernant l'industrie et, en premier lieu, de la théorie tant prônée par les économistes sous le nom de *division du travail*, que nous allons aborder dans le chapitre suivant.

DIVISION DU TRAVAIL

L'Economie politique s'est toujours bornée à constater les faits qu'elle voyait se produire dans la société et à les justifier dans l'intérêt de la cl sse dominante. Elle en agit de même pour la division du travail créée par l'industrie ; l'ayant trouvée avantageuse pour les capitalistes, elle l'a érigée en principe.

Vo, ez ce forgeron de village, disait Adam Smith, le père de l'économie politique moderne. S'il n'a jamais été habitué à faire des clous il n'arrivera qu'avec peine à en fabriquer deux ou trois cents par jour : encore seront-ils mauvais. Mais si ce même forgeron n'a jamais fait que des clous, il en livrera facilement jusqu'à deu: mille trois cents, dans le cours d'une journée. Et Smith s'empressait d'en conclure : « Divisons le travail, spécialisons, spécialisons

14.

toujours ; ayons des forgerons qui ne sauront faire que des têtes ou des pointes de clous, et de cette façon nous produirons davantage. Nous nous enrichirons. »

Quant à savoir si le forgeron, qui aura été condamné à faire des têtes de clous toute sa vie, ne perdra pas tout intérêt au travail ; s'il ne sera pas entièrement à la merci du patron avec ce métier limité ; s'il ne chômera pas quatre mois sur douze ; si son salaire ne baissera pas lorsqu'on pourra aisément le remplacer par un apprenti, Smith n'y pensait guère quand il s'écriait : « Vive la division du travail ! Voilà la vraie mine d'or pour enrichir la nation ! » Et tous de crier comme lui.

Et lors même qu'un Sismondi, ou un J.-B. Say s'apercevaient plus tard que la division du travail, au lieu d'enrichir la nation, n'enrichissait que les riches, et que le travailleur, réduit à faire toute sa vie la dix-huitième partie d'une épingle, s'abrutissait et tombait dans la misère, — que proposaient les économistes officiels ? — Rien ! — Ils ne se disaient pas qu'en s'appliquant ainsi toute la vie à un seul travail machinal, l'ouvrier perdrait son intelligence et son esprit inventif et que, au contraire, la variété des occupations aurait pour résultat d'augmenter considérablement la productivité de la nation. C'est précisément cette question qui vient se poser aujourd'hui.

D'ailleurs, s'il n'y avait que les économistes pour prêcher la division du travail permanent et souvent héréditaire, on les laisserait pérorer à l'aise. Mais, les idées professées par les docteurs de la science s'infiltrent dans les esprits en les pervertissant, et à force d'entendre parler de la division du travail, de l'intérêt, de la rente et du crédit, etc., comme de problèmes depuis longtemps résolus, tout le monde (et le travailleur lui-même) finit par raisonner comme les économistes, par vénérer les mêmes fétiches.

Ainsi nous voyons nombre de socialistes, ceux-même qui n'ont pas craint de s'attaquer aux erreurs de la science, respecter le principe de la division du travail. Parlez-leur de l'organisation de la société pendant la Révolution, et ils répondent que la division du travail doit être maintenue ; que si vous faisiez des pointes d'épingles avant la Révolution, vous en ferez encore après la Révolution. Vous travaillerez cinq heures seulement à faire des pointes d'épingles — soit ! Mais vous ne ferez que des pointes d'épingles toute votre vie, tandis que d'autres feront des machines ou des projets de machines permettant d'affiler, votre vie durant, des milliards d'épingles, et que d'autres encore se spécialiseront dans les hautes fonctions du travail littéraire, scientifique, artistique, etc. Vous êtes né faiseur de pointes d'épingles, Pasteur est né vaccinateur de la rage, et la Révolution vous laissera l'un et l'autre à vos emplois respectifs.

Eh bien, c'est ce principe horrible, nuisible à la société et abrutissant pour l'individu, source de toute une série de maux, que nous nous proposons de discuter maintenant dans ses manifestations diverses.

On connaît les conséquences de la division du travail. Nous sommes évidemment divisés en deux classes : d'une part, les producteurs qui consomment fort peu et sont dispensés de penser, parce qu'il faut travailler, et qui travaillent mal parce que leur cerveau reste inactif ; et d'autre part les consommateurs, qui produisant peu ou presque rien, ont le privilège de penser pour les autres, et pensent mal parce que tout un monde, celui des travailleurs des bras, leur est inconnu. Les ouvriers de la terre ne savent rien de la machine, ceux qui servent les machines ignorent tout du travail des champs. L'idéal de l'industrie moderne c'est l'enfant servant une machine qu'il ne peut et ne doit pas comprendre, et des surveillants qui le mettent à l'amende, si son attention se relâche un moment. On cherche même à supprimer tout à fait le travailleur agricole. L'idéal de l'agriculture industrielle, c'est un *bricoleur* loué pour trois mois et conduisant une charrue à vapeur ou une batteuse. La division du travail, c'est l'homme étiqueté, estampillé pour toute sa vie comme noueur de nœuds dans une manufacture, comme surveillant dans une industrie, comme pousseur de benne à tel endroit de la mine, mais n'ayant aucune idée d'ensemble de machine, ni d'industrie, ni de mine et, perdant par cela même le goût du travail et les capacités d'invention qui, aux débuts de l'industrie moderne, avaient créé l'outillage dont nous aimons tant à nous enorgueillir.

Ce qu'on a fait pour les hommes, on voulait le faire aussi pour les nations. L'humanité devait être divisée en usines nationales, ayant chacune sa spécialité. La Russie — nous enseignait-on, — est destinée par la nature à cultiver le blé ; l'Angleterre à faire des cotonnades ; la Belgique à fabriquer des draps, tandis que la Suisse forme des bonnes d'enfants et des institutrices. Dans chaque nation on se spécialiserait encore : Lyon ferait les soies, l'Auvergne les dentelles, et Paris l'article de fantaisie. C'était, prétendaient les économistes, un champ illimité offert à la production en même temps qu'à la consommation ; une ère de travail et d'immense fortune qui s'ouvrait pour le monde.

Mais, ces vastes espérances s'évanouissent à mesure que le savoir technique se répand dans l'univers. Tant que l'Angleterre était seule à fabriquer les cotonnades et à travailler en grand les métaux, tant que Paris seul faisait de la bimbeloterie artistique etc., tout allait bien : on pouvait prêcher ce qu'on appelait la division du travail sans crainte d'être démenti.

Or, voici qu'un nouveau courant entraîne les nations civilisées à essayer chez elles de toutes les industries, trouvant avantage à fabriquer ce qu'elles recevaient jadis des autres pays, et les colonies elles-mêmes tendent à s'affranchir de leur métropole. Les découvertes de la science universalisant les procédés, il est inutile désormais de payer au dehors à un prix exorbitant ce qu'il est si facile de produire chez soi. — Mais cette révolution dans l'industrie ne porte-t-elle pas un coup droit à cette théorie de la division du travail que l'on croyait si solidement établie ?

LA DECENTRALISATION DES INDUSTRIES

I

A l'issue des guerres napoléoniennes, l'Angleterre avait presque réussi à ruiner la grande industrie qui naissait en France à la fin du siècle passé. Elle restait maîtresse des mers et sans concurrents sérieux. Elle en profita pour se constituer un monopole industriel et, imposant aux nations voisines ses prix pour les marchandises qu'elle seule pouvait fabriquer, elle entassa richesses sur richesses et sut tirer parti de cette situation privilégiée et de tous ses avantages.

Mais lorsque la Révolution bourgeoise du siècle passé eut aboli le servage et créé en France un prolétariat, la grande industrie, arrêtée un momen dans son élan, reprit un nouvel essor, et depuis la deuxième moitié de notre siècle, la France cessa d'être tributaire de l'Angleterre pour les produits manufacturés. Aujourd'hui elle est aussi devenue un pays d'exportation. Elle vend à l'étranger pour plus d'un milliard et demi de produits manufacturés, et les deux tiers de ces marchandises sont des étoffes. On estime que près de trois millions de Français travaillent pour l'exportation ou vivent du commerce extérieur.

La France n'est ainsi plus tributaire de l'Angleterre. A son tour, elle a cherché à monopoliser certaines branches du commerce extérieur, telles que les soieries et les confections ; elle en a retiré d'immenses bénéfices, mais elle est sur le point de perdre à jamais ce monopole, comme l'Angleterre est sur le point de perdre à jamais le monopole des cotonnades et même des filés de coton.

Marchant vers l'Orient, l'industrie s'est arrêtée en Allemagne. Il y a trente ans, l'Allemagne était tributaire de l'Angleterre et de la France pour la plupart des produits de la grande industrie. Il n'en est plus ainsi de nos jours. Dans le courant des vingt-cinq années dernières, et surtout depuis la guerre, l'Allemagne a complètement réformé toute son industrie. Les nouvelles usines sont outillées des meilleures machines : les plus récentes créations de l'art industriel à Manchester pour les cotonnades, ou à Lyon pour les soieries, etc., sont réalisées dans les nouvelles usines allemandes. S'il a fallu deux ou trois générations de travailleurs pour trouver la machine moderne à Lyon ou à Manchester, l'Allemagne la prend toute perfectionnée. Les écoles techniques, appropriées aux besoins de l'industrie, fournissent aux manufactures une armée d'ouvriers intelligents, d'ingénieurs pratiques sachant travailler des mains et de la tête. L'industrie allemande commence au point précis où Manchester et Lyon sont arrivés après cinquante ans d'efforts, d'essais, de tâtonnements.

Il en résulte que l'Allemagne, faisant tout aussi bien chez elle, diminue d'année en année ses importations de France et d'Angleterre. Elle est déjà leur rivale pour l'exportation en Asie et en Afrique; plus que cela : sur les marchés mêmes de Londres et de Paris. Les gens à courte vue peuvent crier certainement contre le traité de Francfort; ils peuvent expliquer la concurrence allemande par de petites différences de tarifs de chemins de fer. Ils peuvent dire que l'Allemand travaille pour « rien, » en s'attardant aux petits côtés de chaque question et en négligeant les grands faits historiques. Mais il n'en est pas moins certain que la grande industrie, — jadis privilège de l'Angleterre et de la France, — a fait un pas vers l'Orient. Elle a trouvé en Allemagne un pays jeune, plein de forces, et une bourgeoisie intelligente, avide de s'enrichir à son tour par le commerce étranger.

Pendant que l'Allemagne s'émancipait de la tutelle anglaise et française, et fabriquait elle-même ses cotonnades, ses étoffes, ses machines, — tous les produits manufacturés en un mot, — la grande industrie s'implantait aussi en Russie, où le développement des manufactures est d'autant plus frappant qu'elles sont nées d'hier.

A l'époque de l'abolition du servage, en 1861, la Russie n'avait presque pas d'industrie. Tout ce qu'il lui fallait de machines, de rails, de locomotives, d'étoffes de luxe, lui venait de l'Occident. Vingt ans plus tard, elle possédait déjà plus de 85,000 manufactures, et les marchandises sorties de ces manufactures avaient quadruplé de valeur.

Le vieil outillage a été remplacé entièrement. Presque tout l'acier employé aujourd'hui, les trois quarts du fer, les deux tiers du charbon, toutes les locomotives, tous les vagons, tous les rails, presque tous les bateaux à vapeur, sont faits en Russie.

De pays destiné — au dire des économistes — à rester agricole, la Russie est devenue un pays manufacturier. Elle ne demande presque rien à l'Angleterre, et fort peu à l'Allemagne.

Les économistes rendent les douanes responsables de ces faits, mais les produits manufacturés en Russie se vendent au même prix qu'à Londres. Le capital ne connaissant pas de patrie, les capitalistes allemands et anglais, suivis d'ingénieurs et de contremaîtres de leurs nations, ont implanté en Russie et en Pologne des manufactures qui rivalisent avec les meilleures manufactures anglaises, par l'excellence des produits. Qu'on abolisse les douanes demain, et les manufactures ne feront qu'y gagner. En ce moment même, les ingénieurs britanniques sont en train de porter le coup de grâce aux importations de draps et de laines de l'Occident : ils montent dans le midi de la Russie d'immenses manufactures de laines, outillées des machines les plus perfectionnées de Brahford, et dans dix ans la Russie n'importera plus que quelques pièces de draps anglais et de laines françaises — comme échantillons.

La grande industrie ne marche pas seulement vers l'Orient : elle s'étend aussi dans les péninsules du

Sud. L'exposition de Turin a déjà montré en 1884 les progrès de l'industrie italienne et — ne nous y méprenons pas : — la haine entre les deux bourgeoisies, française et italienne, n'a pas d'autre origine que leur rivalité industrielle. L'Italie s'émancipe de la tutelle française ; elle fait concurrence aux marchands français dans le bassin méditerranéen et en Orient. C'est pour cela, et pas pour autre chose, que le sang coulera un jour sur la frontière italienne, — à moins que la Révolution n'épargne ce sang précieux.

Nous pourrions aussi mentionner les rapides progrès de l'Espagne dans la voie de la grande industrie. Mais prenons plutôt le Brésil. Les économistes ne l'avaient-ils pas condamné à cultiver à jamais le coton, à l'exporter à l'état brut, et à recevoir en retour des cotonnades importées d'Europe ? En effet, il y a vingt ans, le Brésil n'avait que neuf misérables petites manufactures de coton, avec 385 fuseaux. Aujourd'hui il y en a quarante-six ; cinq d'entre elles possèdent 40,000 fuseaux, et elles jetent sur le marché trente millions de mètres de cotonnades chaque année.

Il n'y a pas jusqu'au Mexique qui ne se mette à fabriquer les cotonnades au lieu de les importer d'Europe. Et quant aux Etats-Unis, ils se sont affranchis de la tutelle européenne. La grande industrie s'y est triomphalement développée.

Mais c'est l'Inde qui devait donner le démenti le plus éclatant aux partisans de la spécialisation des industries nationales.

On connaît cette théorie : — Il faut des colonies aux grandes nations européennes. Ces colonies enverront à la métropole des produits bruts : la fibre de coton, de la laine en suint, des épices, etc. Et la métropole leur enverra ces produits manufacturés, étoffes brûlées, vieille ferraille sous forme de machines hors d'usage — bref, tout ce dont elle n'a pas besoin, qui lui coûte peu ou rien, et qu'elle ne vendra pas moins à un prix exorbitant.

Telle était la théorie; telle fut pendant longtemps la pratique. On gagnait des fortunes à Londres et à Manchester pendant qu'on ruinait les Indes. Allez seulement au musée Indien à Londres, vous y verrez des richesses inouïes, insensées, amassées à Calcutta et à Bombay par les négociants anglais.

Mais d'autres négociants et d'autres capitalistes, également anglais, conçurent l'idée toute naturelle qu'il serait plus habile d'exploiter les habitants de l'Inde directement et de faire ces cotonnades dans les Indes mêmes, au lieu d'en importer d'Angleterre annuellement pour cinq à six cents millions de francs.

D'abord, ce ne fut qu'une série d'insuccès. Les tisseurs indiens, — artistes de leur métier, — ne pouvaient se faire au régime de l'usine. Les machines envoyées de Liverpool étaient mauvaises; il fallait aussi tenir compte du climat, s'adapter à de nouvelles conditions, toutes remplies aujourd'hui, et l'Inde anglaise devient une rivale de plus en plus menaçante des manufactures de la métropole.

Aujourd'hui, elle possède 80 manufactures de coton qui emploient déjà près de 60,000 travailleurs, et en 1885 elles avaient manufacturé plus de 1,450,000 tonnes métriques de cotonnades. Elles exportent chaque année, en Chine, aux Indes hollandaises et en Afrique, — pour près de 100 millions de francs, — de ces mêmes cotons blancs que l'on disait être la spécialité de l'Angleterre. Et tandis que les travailleurs anglais chôment et tombent dans la misère, ce sont les femmes indiennes qui, payées à raison de 60 centimes par jour, font à la machine les cotonnades vendues dans les ports de l'Extrême Orient.

Bref, le jour n'est pas loin, — et les manufacturiers intelligents ne se le dissimulent pas, — où l'on ne saura plus que faire des « bras » qui s'occupaient en Angleterre à tisser des cotonnades pour les exporter. Ce n'est pas tout : il résulte de rapports très sérieux que dans dix ans l'Inde n'achètera plus une seule tonne de fer à l'Angleterre. On a surmonté les difficultés premières pour employer la houille et le fer des Indes, et des usines, rivales des fabriques anglaises, se dressent déjà sur les côtes de l'Océan Indien.

La colonie faisant concurrence à la métropole *par ses produits manufacturés*, voilà le phénomène déterminant de l'économie du dix-neuvième siècle.

Et pourquoi ne le ferait-elle pas ? Que lui manque-t-il ? — Le capital ? Mais le capital va partout où se trouvent des misérables à exploiter. — Le savoir ? Mais le savoir ne connaît pas les barrières nationales. — Les connaissances techniques de l'ouvrier ? Mais, l'ouvrier hindou serait-il inférieur à ces 92,000 garçons et filles de moins de quinze ans qui travaillent en ce moment dans les manufactures textiles de l'Angleterre ?

II

Après avoir jeté un coup d'œil sur les industries nationales, il serait fort intéressant de refaire la même revue sur les industries spéciales.

Prenons la soie — par exemple, produit éminemment français dans la première moitié de ce siècle. On sait comment Lyon est devenu le centre de l'industrie des soies, récoltées d'abord dans le Midi, mais que peu à peu, on a demandées à l'Italie, à l'Espagne, à l'Autriche, au Caucase, au Japon, pour en faire des soieries. Sur cinq millions de kilos de soies grèges transformées en étoffes dans la région lyonnaise en 1875, il n'y avait que 400,000 kilos de soie française.

Mais puisque Lyon travaillait avec des soies importées, pourquoi la Suisse, l'Allemagne, la Russie, n'en auraient-elles pas fait autant? Le tissage de la soie se développa peu à peu dans les villages des Zurichois. Bâle devint un grand centre pour les soieries. L'administration du Caucase invita des femmes de Marseille et des ouvriers de Lyon à venir enseigner aux Géorgiens la culture perfectionnée du ver à soie et aux paysans du Caucase l'art de transformer la soie en étoffes. L'Autriche les imita. L'Allemagne monta, avec le secours d'ouvriers lyonnais, d'immenses ateliers de soieries. Les Etats-Unis en firent autant à Paterson....

Et aujourd'hui, l'industrie des soies n'est plus

l'industrie française. On fait des soieries en Allemagne, en Autriche, aux Etats-Unis, en Angleterre. Les paysans du Caucase tissent en hiver des foulards à un prix qui laisserait sans pain les canuts de Lyon. L'Italie envoie des soieries en France, et Lyon, qui en exportait en 1870-74 pour 460 millions, n'en expédie plus que pour 233 millions. Bientôt il n'enverra à l'étranger que les étoffes supérieures, ou quelques nouveautés, — pour servir de modèles aux Allemands, aux Russes, aux Japonais.

Et il en est ainsi pour toutes les industries. La Belgique n'a plus le monopole des draps : on en fait en Allemagne, en Russie, en Autriche, aux Etats-Unis. La Suisse et le Jura français n'ont plus le monopole de l'horlogerie : on fait des montres partout. L'Ecosse ne raffine plus les sucres pour la Russie : on importe du sucre russe en Angleterre ; l'Italie, quoique n'ayant ni fer ni houille, forge elle-même ses cuirassés et fait les machines de ses bateaux à vapeur ; l'industrie chimique n'est plus le monopole de l'Angleterre : on fait de l'acide sulfurique et de la soude partout. Les machines de tout genre, fabriquées aux environs de Zurich, se faisaient remarquer à la dernière exposition universelle ; la Suisse, qui n'a ni houille ni fer, — rien que d'excellentes écoles techniques, — fait les machines mieux et à meilleur marché que l'Angleterre ; — voilà ce qui reste de la théorie des échanges.

Ainsi, la tendance, pour l'industrie, — comme pour tout le reste, — est à la décentralisation.

Chaque nation trouve avantage à combiner chez soi l'agriculture avec la plus grande variété possible d'usines et de manufactures. La spécialisation dont les économistes nous ont parlé était bonne pour enrichir quelques capitalistes : mais elle n'a aucune raison d'être, et il y a, au contraire tout avantage à ce que chaque pays, chaque bassin géographique, puisse cultiver son blé et ses légumes et fabriquer chez soi tous les produits manufacturés qu'il consomme. Cette diversité est le meilleur gage du développement complet de la production par le concours mutuel et de chacun des éléments du progrès ; tandis que la spécialisation — c'est l'arrêt du progrès.

L'agriculture ne peut prospérer qu'à côté des usines. Et dès qu'une seule usine fait son apparition, une variété infinie d'autres usines de toute sorte *doivent* surgir autour d'elle, afin que, se supportant mutuellement, se stimulant l'une l'autre par leurs inventions, elles s'accroissent ensemble.

III

Il est insensé, en effet, d'exporter le blé et d'importer des farines, d'exporter la laine et d'importer du drap, d'exporter le fer et d'importer des machines, non seulement parce que ces transports occasionnent des frais inutiles, mais surtout parce qu'un pays qui n'a pas d'industrie développée reste forcément arriéré en agriculture ; parce qu'un pays qui n'a pas de grandes usines pour travailler l'acier, est aussi en retard dans toutes les autres industries ; parce que, enfin, nombre de capacités industrielles et techniques restent sans emploi.

Tout se tient aujourd'hui dans le monde de la production. La culture de la terre n'est plus possible sans machines, sans puissants arrosages, sans chemins de fer, sans manufactures d'engrais. Et pour avoir ces machines appropriées aux conditions locales, ces chemins de fer, ces engins d'arrosage, etc. etc., il faut qu'il se développe un certain esprit d'invention, une certaine habileté technique qui ne peuvent même pas se faire jour tant que la bêche ou le soc restent les seuls instruments de culture.

Pour que le champ soit bien cultivé, pour qu'il donne les récoltes prodigieuses que l'homme a le droit de lui demander, il faut que l'usine et la manufacture, — beaucoup d'usines et de manufactures, — fument à sa portée.

La variété des occupations, la variété des capacités qui en surgissent, intégrées en vue d'un but commun, — voilà la vraie force du progrès.

Et maintenant, imaginons une cité, un territoire, vaste ou exigu — peu importe — faisant ses premiers pas dans la voie de la Révolution sociale.

« Rien ne sera changé » — nous a-t-on dit quelquefois. — « On expropriera les ateliers, les usines, on les proclamera propriété nationale ou communale ; — et chacun retournera à son travail habituel. La Révolution sera faite ».

Eh bien, non ; la Révolution sociale ne se fera pas avec cette simplicité.

Nous l'avons déjà dit : Que demain la Révolution éclate à Paris, à Lyon, ou dans toute autre cité ; que demain on mette la main, à Paris ou n'importe où, sur les usines, les maisons, ou la banque — toute la production actuelle devra changer d'aspect par ce simple fait.

Le commerce international s'arrêtera ainsi que les apports de blé étranger; la circulation des marchandises, des vivres sera paralysée. Et la cité, ou le territoire révoltés devront, pour se suffire, réorganiser de fond en comble toute la production. S'ils échouent, c'est la mort. S'ils réussissent, c'est la révolution dans l'*ensemble* de la vie économique du pays.

L'apport des vivres s'étant ralenti, et la consommation ayant augmenté; trois millions de Français travaillant pour l'exportation, forcés de chômer; mille choses que l'on reçoit aujourd'hui des pays lointains ou des pays voisins, n'arrivant pas; l'industrie de luxe temporairement arrêtée, que feront les habitants pour avoir de quoi manger dans six mois ?

Il est évident que la grande masse demandera au sol sa nourriture lorsque les magasins seront épuisés. Il faudra cultiver la terre : combiner dans Paris même et dans ses alentours la production agricole avec la production industrielle, abandonner les mille petits métiers de luxe pour aviser au plus pressé — le pain.

Les citoyens auront à se faire agriculteurs. Non à la façon du paysan qui s'esquinte à la charrue pour recueillir à peine sa nourriture annuelle, mais en suivant les principes de l'agriculture intensive, maraîchère, appliqués en de vastes proportions au moyen des meilleures machines que l'homme a inventées, qu'il peut inventer. On cultivera, mais non comme la bête de somme du Cantal, — le bijoutier du Temple s'y refuserait d'ailleurs, — on réorganisera la culture, non pas dans dix ans, mais sur-le-champ, au milieu des luttes révolutionnaires, sous peine de succomber devant l'ennemi.

Il faudra le faire comme des êtres intelligents, en s'aidant du savoir, en s'organisant en bandes joyeuses pour un travail agréable comme celles qui remuaient, il y a cent ans, le Champ de Mars, pour la fête de la Fédération : — travail plein de jouissances quand il ne se prolonge pas outre mesure, quand il est scientifiquement organisé, quand l'homme améliore et invente ses outils, et qu'il a conscience d'être un membre utile de la communauté.

On cultivera. Mais on aura aussi à produire mille choses que nous avons coutume de demander à l'étranger. Et, n'oublions pas que, pour les habitants du territoire révolté, l'étranger sera tout ce qui ne l'aura pas suivi dans sa révolution. En 1793, en 1871, pour Paris révolté, l'étranger était déjà la province, aux portes même de la capitale. L'accapareur de Troyes affamait les sans-culottes de Paris, aussi bien, plus encore, que les hordes allemandes, amenées sur le sol français par les conspirateurs de Versailles. Il faudra savoir se passer de cet étranger. Et on s'en passera. La France inventa le sucre de betterave lorsque le sucre de canne vint à manquer, à la suite du blocus continental. Paris trouva le salpêtre dans ses caves lorsque le salpêtre n'arrivait pas d'ailleurs. Serions-nous inférieurs à nos grands-pères qui balbutiaient à peine les premiers mots de la science ?

C'est qu'une révolution est plus que la démolition d'un régime. C'est le réveil de l'intelligence humaine, l'esprit inventif décuplé, centuplé ; c'est l'aurore d'une science nouvelle, — la science des Laplace, des Lamarck, des Lavoisier ! — C'est une révolution dans les esprits, plus encore que dans les institutions.

Et on nous parle de rentrer à l'atelier, comme s'il s'agissait de rentrer chez soi après une promenade dans la forêt de Fontainebleau !

Le seul fait d'avoir touché à la propriété bourgeoise implique déjà la nécessité de réorganiser de fond en comble toute la vie économique, à l'atelier, au chantier, à l'usine.

Et la Révolution le fera. Que Paris en Révolution sociale se trouve seulement pendant un an ou deux isolé du monde entier par les suppôts de l'ordre bourgeois ! Et ces millions d'intelligences, que la grande usine n'a heureusement pas encore abruties, — cette ville des petits métiers qui stimulent l'esprit inventif, — montreront au monde ce que peut le cerveau de l'homme sans rien demander à l'univers que la force motrice du soleil qui l'éclaire, du vent qui balaie nos impuretés, et des forces à l'œuvre dans le sol que nous foulons de nos pieds.

On verra ce que l'entassement sur un point du globe de cette immense variété de métiers se complétant mutuellement, et l'esprit vivifiant d'une révolution peuvent faire pour nourrir, vêtir, loger et combler de tout le luxe possible deux millions d'êtres intelligents.

Point n'est besoin de faire pour cela du roman. Ce que l'on connaît déjà ; ce qui a été déjà essayé, et reconnu comme pratique, suffirait pour l'accomplir, à condition d'être fécondé, vivifié du souffle audacieux de la Révolution, de l'essor spontané des masses.

L'AGRICULTURE

I

On a souvent reproché à l'économie politique de tirer toutes ses déductions de ce principe, certainement faux, que l'unique mobile capable de pousser l'homme à augmenter sa force de production est l'intérêt personnel, étroitement compris.

Le reproche est parfaitement juste : tellement juste que les époques des grandes découvertes industrielles et des vrais progrès dans l'industrie sont précisément celles où l'on rêvait le bonheur de tous, où l'on s'est le moins préoccupé d'enrichissement personnel. Les grands chercheurs et les grands inventeurs songeaient surtout à l'affranchissement de l'humanité ; et si les Watt, les Stephenson, les Jacquard, etc., avaient seulement pu prévoir à quel état de misère leurs nuits blanches amèneraient le travailleur, ils auraient probablement brûlé leurs devis, brisé leurs modèles.

Un autre principe, qui pénètre aussi l'économie politique, est tout aussi faux. C'est l'admission tacite, commune à presque tous les économistes, que, s'il y a souvent surproduction dans certaines branches, une société n'aura néanmoins jamais assez de produits pour satisfaire aux besoins de tous ; et que, par conséquent, il n'arrivera jamais un moment où personne ne sera obligé de vendre sa force de travail en échange d'un salaire. Cette admission tacite se retrouve à la base de toutes les théories, de toutes les prétendues « lois » enseignées par les économistes.

Et cependant, il est certain que du jour où une agglomération civilisée quelconque se demanderait quels sont les besoins de tous et les moyens d'y satisfaire, elle s'apercevrait qu'elle possède déjà, dans l'industrie comme dans l'agriculture, de quoi pourvoir largement à tous les besoins, à la condition de savoir appliquer ces moyens à la satisfaction de besoins réels.

Que cela soit vrai pour l'industrie, nul ne le peut contester. Il suffit, en effet, d'étudier dans les grands établissements industriels les procédés déjà en vigueur pour extraire le charbon et les minerais, obtenir l'acier et le façonner, fabriquer ce qui sert au vêtement etc., pour s'apercevoir qu'en ce qui concerne les produits de nos manufactures, nos usines, nos mines, nul doute n'est possible à ce sujet. Nous pourrions déjà quadrupler notre production, et encore économiser sur notre travail.

Mais nous allons plus loin. Nous affirmons que l'agriculture est dans le même cas que l'industrie : le laboureur, comme le manufacturier, *possède déjà* les moyens de quadrupler, sinon de décupler sa production, et il pourra le faire dès qu'il en sentira le besoin et procédera à l'organisation sociétaire du travail, en lieu et place de l'organisation capitaliste.

Chaque fois que l'on parle d'agriculture, on s'imagine toujours le paysan courbé sur la charrue, jetant au hasard dans le sol un blé mal trié et attendant avec angoisse ce que la saison, bonne ou mauvaise, lui rapportera. On voit une famille travaillant du matin au soir et n'ayant pour toute récompense qu'un grabat, du pain sec et une aigre boisson. On voit, en un mot, « la bête fauve » de La Bruyère.

Et pour cet homme, assujetti à la misère, on parle tout au plus d'alléger l'impôt ou la rente. Mais on n'ose même pas s'imaginer un cultivateur redressé enfin, prenant des loisirs et produisant en peu d'heures par jour de quoi nourrir, non seulement sa famille, mais cent hommes en plus, au bas mot. Au plus fort de leurs rêves d'avenir, les socialistes n'osent aller au delà de la grande culture américaine qui, au fond, n'est que l'enfance de l'art.

L'agriculteur d'aujourd'hui a des idées plus larges, des conceptions bien autrement grandioses. Il ne demande qu'une fraction d'hectare pour faire croître toute la nourriture végétale d'une famille ; pour nourrir vingt-cinq bêtes à cornes il ne lui faut pas plus d'espace qu'autrefois pour en nourrir une seule ; il veut en arriver à *faire* le sol ; à défier les saisons et le climat ; à chauffer l'air et la terre autour de la jeune plante ; à produire, en un mot, sur un hectare ce que l'on ne réussissait pas autrefois à récolter sur cinquante hectares, et cela sans se fatiguer à outrance, en réduisant beaucoup la somme totale du travail antérieur. Il prétend qu'on pourra produire amplement de quoi nourrir tout le monde en ne donnant à la culture des champs que juste ce que chacun peut lui donner avec plaisir, avec joie.

Voilà la tendance *actuelle* de l'agriculture.

Tandis que les savants, guidés par Liebig, le créateur de la théorie chimique de l'agriculture, faisaient très souvent fausse route dans leur engouement de théoriciens, des cultivateurs illettrés ont ouvert une voie nouvelle de prospérité à l'humanité. Des maraîchers de Paris, de Troyes, de Rouen, des jardiniers anglais, des fermiers flamands, des cultivateurs de Jersey, de Guernesey et des îles Scilly nous ont ouvert des horizons si larges que l'œil hésite à les embrasser.

Tandis qu'une famille de paysans devait avoir, au moins, sept ou huit hectares pour vivre des produits du sol, — et on sait comment vivent les paysans, — on ne peut même plus dire quelle est l'étendue minimum de terrain nécessaire pour donner à une famille tout ce que l'on peut retirer de la terre, — le nécessaire et le luxe, — en la cultivant selon les procédés de la culture intensive. Chaque jour rétrécit cette limite. Et si on nous demandait, quel est le nombre de personnes qui peuvent vivre richement sur l'espace d'une lieue carrée, sans rien importer des produits agricoles du dehors, il nous serait difficile de répondre à cette question. Ce nombre grandit rapidement en proportion des progrès de l'agriculture.

Il y a dix ans, on pouvait déjà affirmer qu'une population de cent millions vivrait très bien des produits du sol français sans rien importer. Mais aujourd'hui, en voyant les progrès accomplis tout récemment, aussi bien en France qu'en Angleterre, et en contemplant les horizons nouveaux qui s'ouvrent devant nous, nous dirons qu'en cultivant la terre, *comme on la cultive déjà en beaucoup d'endroits, même sur des sols pauvres*, cent millions d'habitants sur les cinquante millions d'hectares du sol français seraient encore une très faible proportion de ce que ce sol pourrait nourrir. La population s'accroîtra d'autant que l'homme s'avisera de demander plus à la terre.

En tout cas, — nous allons le voir, — on peut considérer comme *absolument démontré* que si Paris, et les deux départements de Seine et de Seine-et-Oise s'organisaient demain en commune anarchiste, dans laquelle tous travailleraient de leurs bras, et si l'univers entier refusait de leur envoyer un seul setier de froment, une seule tête de bétail, un seul panier de fruits, et ne leur laissait que le territoire des deux départements, — ils pourraient produire eux-mêmes, non seulement le blé, la viande et les légumes nécessaires, mais aussi tous les fruits de luxe en des quantités suffisantes pour la population urbaine et rurale.

Et nous affirmons, en outre, que la *dépense totale* de travail humain serait beaucoup *moindre* que la dépense actuelle employée à nourrir cette population avec du blé récolté en Auvergne ou en Russie, des légumes produits par la grande culture un peu partout et des fruits mûris dans le Midi.

Il est évident, d'ailleurs, que nous ne prétendons nullement qu'il faille supprimer *tous* les échanges et que chaque région doive s'appliquer à produire précisément ce qui ne croît sous son climat que par une culture plus ou moins artificielle. Mais nous tenons à faire ressortir que la théorie des échanges, telle qu'on la professe aujourd'hui, est singulièrement exagérée ; que beaucoup sont inutiles ou même nuisibles. Nous maintenons, en outre, que l'on n'a jamais tenu compte du labeur employé par les vignerons du Midi pour cultiver la vigne, ni par les paysans russes ou hongrois pour cultiver le blé, si fertiles que soient leurs prairies et leurs champs. Avec leurs procédés actuels de culture extensive, ils se donnent infiniment plus de mal qu'il n'en faudrait pour obtenir les mêmes produits par la culture intensive, même sous des climats infiniment moins cléments et sur un sol naturellement moins riche.

II

Il nous serait impossible de citer ici la masse des faits sur lesquels nous basons nos assertions. Nous sommes donc forcés de renvoyer nos lecteurs pour plus amples renseignements aux articles que nous avons publiés en anglais[1]. Mais surtout nous invitons

1. Remarquons que lorsque nos affirmations furent publiées

très sérieusement ceux qu'intéresse la question, à lire quelques excellents ouvrages publiés en France et dont nous donnons ci-dessous la liste[1].

Quant aux habitants des grandes villes, qui n'ont encore aucune idée réelle de ce que peut être l'agriculture, nous leur conseillons de parcourir à pied les campagnes environnantes et d'en étudier la culture.

Qu'ils observent, qu'ils causent avec les maraîchers, et tout un monde nouveau s'ouvrira devant eux. Ils pourront ainsi entrevoir ce que sera la culture européenne du xxe siècle; il comprendront de quelle force sera armée la Révolution sociale quand on connaîtra le secret de prendre à la terre tout ce qu'on lui demandera.

Quelques faits suffiront pour montrer que nos affirmations ne sont nullement exagérées. Nous tenons seulement à les faire précéder d'une remarque générale.

On sait dans quelles conditions misérables se trouve l'agriculture en Europe. Si le cultivateur du sol n'est pas dévalisé par le propriétaire foncier, il l'est par

en Angleterre, elles ne rencontrèrent pas la moindre contradiction. Elles furent confirmées et même dépassées par le directeur du *Journal d'Horticulture*, qui est un horticulteur pratique. Nous sommes persuadés que les maraichers français nous donneront aussi raison.

1. Consulter la *Répartition métrique des impôts*, par A. Toubeau, 2 vol, publiés par Guillaumin, en 1880. Nous ne partageons nullement les conclusions de Toubeau; mais c'est une véritable encyclopédie, avec indication des sources pour montrer ce que l'on peut obtenir du sol. — *La Culture maraîchère*, par M. Ponce, Paris, 1869. — *Le Potager Gressent*, Paris, 1885, excellent ouvrage pratique. — *Physiologie et culture du blé*, par Risler, Paris, 1886. — *Le blé, sa culture intensive et extensive*, par Lecouteux, Paris, 1883. — *La Cité Chinoise* par Eugène Simon. — *Le Dictionaire d'agriculture*. — *The Rothamstead experiments*, par Wm. Fream, Londres, 1888 (culture sans fumure, etc.); — *Nineteenth Century*, juin 1888, et *Forum*, août 1890.

l'Etat. Si l'Etat le rançonne modestement, le prêteur d'argent, qui l'asservit au moyen de billets à ordre, en fait bientôt le simple tenancier d'un sol appartenant en réalité à une compagnie financière.

Le propriétaire, l'Etat et le banquier dévalisent donc le cultivateur, par la rente, l'impôt et l'intérêt. La somme en varie dans chaque pays; mais jamais elle ne tombe au-dessous du quart, très souvent de la moitié du produit brut. En France, l'agriculture paie à l'Etat 44 pour cent du produit brut.

Il y a plus. La part du propriétaire et celle de l'Etat vont toujours croissant. Sitôt que, par des prodiges de labeur, d'invention ou d'initiative, le cultivateur a obtenu de plus fortes récoltes, le tribut qu'il devra au propriétaire, à l'Etat ou au banquier augmentera en proportion. S'il double le nombre d'hectolitres récoltés sur l'hectare la rente doublera *et par conséquent* les impôts, que l'Etat s'empressera d'élever encore si les prix montent. Et ainsi de suite. Bref, partout le cultivateur du sol travaille 12 à 16 heures par jour; partout ses trois vautours lui enlèvent tout ce qu'il pourrait mettre de côté ; partout ils le dépouillent de ce qui pourrait améliorer sa culture. Voilà pourquoi l'agriculture reste stationnaire.

Ce sera seulement en des conditions tout à fait exceptionnelles, par suite d'une querelle entre les trois vampires, par un effort d'intelligence ou par un surcroît de travail qu'il parviendra à faire un pas en avant. Et encore nous n'avons rien dit du tribut que chaque cultivateur paie à l'industriel. Chaque machine, chaque bêche, chaque tonneau d'engrais chimique lui est vendu trois ou quatre fois ce qu'ils coûtent. N'oublions pas non plus l'intermédiaire, qui prélève la part du lion sur les produits du sol.

Voilà pourquoi, durant tout ce siècle d'inventions et de progrès, l'agriculture ne s'est perfectionnée que sur des espaces très restreints, occasionnellement et par soubresauts.

Heureusement, il y a toujours eu de petites enclaves, négligées pendant quelque temps par les vautours ; et là nous apprenons ce que l'agriculture intensive peut donner à l'humanité. Citons-en quelques exemples.

Dans les prairies de l'Amérique (qui d'ailleurs ne donnent que de maigres récoltes de 7 à 12 hectolitres à l'hectare, et encore des sécheresses périodiques nuisent-elles souvent aux récoltes) cinq cents hommes, travaillant seulement pendant huit mois de l'année, produisent la nourriture annuelle de 50,000 personnes. Le résultat s'obtient ici par une forte économie de travail. Sur ces vastes plaines que l'œil ne peut embrasser, le labour, la récolte, le battage, sont organisés presque militairement, point de va-et-vient inutiles, point de pertes de temps. Tout se fait avec l'exactitude d'une parade.

C'est la grande culture, la culture extensive, celle qui prend le sol tel qu'il sort des mains de la nature sans chercher à l'améliorer. Quand il aura donné tout ce qu'il peut, on l'abandonnera ; on ira chercher ailleurs un sol vierge pour l'épuiser à son tour.

Mais il y a aussi la culture intensive, à laquelle les machines viennent et viendront toujours plus en aide : elle vise surtout à *bien* cultiver un espace limité, à le fumer et l'amender, à concentrer le travail et obtenir le plus grand rendement possible. Ce genre de culture s'étend chaque année, et, tandis qu'on se contente d'une récolte moyenne de 10 à 12 hectolitres dans la grande culture du Midi de la France, et sur les terres fertiles de l'Ouest américain, on récolte régulièrement 36 même jusqu'à 50 et quelquefois 56 hectolitres dans le Nord de la France. La consommation annuelle d'un homme s'obtient ainsi sur la surface d'un douzième d'hectare.

Et plus on donne d'intensité à la culture, *moins* on dépense de travail pour obtenir l'hectolitre de froment. La machine remplace l'homme pour les travaux préparatoires, et l'on fait, une fois pour toutes, telle amélioration du sol, comme le drainage, ou l'épierrage, qui permet de doubler les récoltes à l'avenir. Quelquefois, rien qu'un labour profond permet d'obtenir d'un sol médiocre d'excellentes récoltes d'année en année, sans jamais le fumer. On l'a fait pendant vingt ans à Rothamstead, près de Londres.

Ne faisons pas de roman agricole. Arrêtons-nous à cette récolte de 40 hectolitres, qui ne demande pas un sol exceptionnel, mais simplement une culture rationnelle, et voyons ce qu'elle signifie.

Les 3,600,000 individus qui habitent les deux départements de Seine et de Seine-et-Oise, consomment par année, pour leur nourriture, un peu moins de 8 millions d'hectolitres de céréales, de blé principalement. Dans notre hypothèse, il leur faudrait donc cultiver, pour obtenir cette récolte, 200,000 hectares sur les 610,000 qu'ils possèdent.

Il est évident qu'ils ne les cultiveront pas à la bêche. Cela demanderait trop de temps (240 journées de 5 heures par hectare). Ils amélioreraient plutôt le sol une fois pour toutes : ils draineraient ce qui doit être drainé ; aplaniraient ce qu'il faut aplanir ;

épierreraient le sol, — dût-on dépenser à ce travail préparatoire cinq millions de journées de 5 heures, — soit, une moyenne de 25 journées par hectare.

Ensuite, on labourerait au défonceur à vapeur, ce qui ferait 4 journées par hectare, et on donnerait encore 4 journées pour labourer à la charrue double. On ne prendrait pas la semence au hasard, mais on la trierait à l'aide de trieuses à vapeur. On ne jetterait pas la semence aux quatre vents, mais on sèmerait en ligne. Et avec tout cela, on n'aurait pas encore dépensé 25 journées de 5 heures par hectare, si le travail se fait en de bonnes conditions. Mais, que pendant trois ou quatre ans on donne 10 millions de journées à une bonne culture, on pourra plus tard avoir des récoltes de 40 et de 50 hectolitres, en n'y mettant plus que la moitié du temps.

On n'aura donc dépensé que quinze millions de journées pour donner le pain à cette population de 3,600,000 habitants. Et, tous les travaux seraient tels que chacun les pourrait faire sans avoir pour cela des muscles d'acier, ni sans avoir jamais travaillé la terre auparavant. L'initiative et la distribution générale des travaux viendraient de ceux qui savent ce que la terre demande. Quant au travail même, il n'y a Parisien ni Parisienne si affaiblis qu'ils ne soient capables, après quelques heures d'apprentissage, de surveiller les machines ou de contribuer, chacun pour sa part au travail agraire.

Eh bien, quand on pense, que dans le chaos actuel, il y a, sans compter les désœuvrés de la haute pègre, près de cent mille hommes qui chôment dans leurs divers métiers, on voit que la force *perdue* dans notre organis tion actuelle suffirait seule pour donner par une culture rationnelle, le pain nécessaire aux 3 ou 4 millions d'habitants des deux départements.

Nous le répétons, ceci n'est pas un roman. Et nous n'avons même pas parlé de la culture vraiment intensive, qui donne des résultats bien plus surprenants. Nous n'avons pas tablé sur ce blé obtenu (en trois ans par M. Hallett) et dont un seul grain repiqué produisit une touffe portant plus de 10,000 graines, ce qui permettrait, au besoin, de récolter tout le blé pour une famille de 5 personnes sur l'espace d'une centaine de mètres carrés. Nous n'avons cité, au contraire, que ce qui se fait déjà par de nombreux fermiers en France, en Angleterre, en Belgique, dans les Flandres, etc, — c. ce qui pourrait se faire dès demain avec l'expérience et le savoir déjà acquis par la pratique en grand.

Mais sans la Révolution cela ne se fera ni demain ni après-demain, parce que les détenteurs du sol et du capital n'y ont aucun intérêt, et parce que les paysans qui y trouveraient bénéfice n'ont ni le savoir, ni l'argent, ni le temps de se procurer les avances nécessaires.

La société actuelle n'en est pas encore là. Mais que les Parisiens proclament la Commune anarchiste et ils y viendront forcément, parce qu'ils n'auront pas la bêtise de continuer à faire de la bimbeloterie de luxe (que Vienne, Varsovie et Berlin font déjà tout aussi bien) et ne s'exposeront pas à rester sans pain.

D'ailleurs, le travail agricole, aidé de machines, deviendrait bientôt la plus attrayante et la plus joyeuse de toutes les occupations.

Assez de joaillerie! assez d'habillements de poupées! On irait se retremper dans le travail des champs, y chercher la vigueur, les impressions de la nature, « la joie de vivre », que l'on avait oubliées dans les sombres ateliers des faubourgs.

Au moyen âge les pâturages alpins, mieux que les arquebuses, avaient permis aux Suisses de s'affranchir des seigneurs et des rois. L'agriculture moderne permettra à la cité révoltée de s'affranchir des bourgeoisies coalisées.

III

Nous avons vu, comment les trois millions et demi d'habitants des deux départements (Seine et Seine-et-Oise) trouveraient amplement le pain nécessaire, rien qu'en cultivant un tiers de leur territoire. Passons maintenant au bétail.

Les Anglais, qui mangent beaucoup de viande, en consomment une quantité moyenne un peu moindre de 100 kilogrammes par personne adulte et par an : en supposant que toutes les viandes consommées soient du bœuf, cela fait un peu moins d'un tiers de bœuf. Un bœuf par an pour cinq personnes (y compris les enfants) est déjà une ration suffisante. Pour 3 millions et demi d'habitants cela ferait une consommation annuelle de 700,000 têtes de bétail.

Eh bien, aujourd'hui, avec le système de pacage, il faut avoir, au bas mot, 2 millions d'hectares pour nourrir 660,000 têtes de bétail.

Cependant, avec des prairies très modestement

arrosées au moyen d'eau de source (comme on en a créé récemment sur des milliers d'hectares dans le Sud-Ouest de la France), 500,000 hectares suffisent déjà. Mais si l'on pratique la culture intensive, en faisant pousser la betterave comme nourriture, il ne faut plus qu'un quart de cet espace, c'est-à-dire 125,000 hectares. Et quand on a recours au maïs et que l'on fait de l'ensilage comme les Arabes, on obtient tout le fourrage nécessaire sur une surface de 88,000 hectares.

Aux environs de Milan, où l'on utilise les eaux d'égout pour irriguer les prairies, on obtient sur une surface de 9,000 hectares arrosés, la nourriture de 4 à 6 bêtes à cornes par hectare ; et sur quelques lopins favorisés, on a récolté jusqu'à 45 tonnes de foin sec à l'hectare, ce qui fait la nourriture annuelle de 9 vaches à lait. Trois hectares par tête de bétail en pacage et neuf bœufs ou vaches sur un hectare, — voilà les extrêmes de l'agriculture moderne.

Dans l'île de Guernesey, sur un total de 4,000 hectares utilisés, près de la moitié (1,900 hectares) sont couverts de céréales et de potagers, et 2,100 seulement restent pour les prés ; sur 2,100 hectares on nourrit 1,480 chevaux, 7,260 têtes de bétail, 900 moutons et 4,200 cochons, ce qui fait plus de 3 têtes de bétail par hectare, sans compter les chevaux, les moutons et les porcs. Inutile d'ajouter que la fertilité du sol est *faite* par les amendements de varechs et d'engrais chimiques.

Revenant à nos trois millions et demi d'habitants de l'agglomération de Paris, on voit que la surface nécessaire à l'élève du bétail descend de deux millions d'hectares à 88,000. Eh bien, ne nous arrêtons pas aux chiffres les plus bas ; prenons ceux de la culture in tensive ordinaire ; ajoutons largement le terrain nécessaire au menu bétail qui doit remplacer une partie des bêtes à cornes, et donnons 160, 000 hectares à l'élève du bétail, — 200,000 si l'on veut, sur les 410,000 hectares qui nous restent, après avoir pourvu au pain nécessaire à la population.

Soyons généreux et mettons cinq millions de journées pour mettre cet espace en production.

Donc, après avoir employé dans le courant de l'année, vingt millions de journées de travail, dont la moitié pour des améliorations permanentes, nous aurons le pain et la viande assurés, non compris toute la viande supplémentaire que l'on peut obtenir sous forme de volailles, de cochons engraissés, de lapins, etc., sans compter qu'une population pourvue d'excellents légumes et de fruits consommera beaucoup moins de viande que l'Anglais, qui supplée par la nourriture animale à la pauvreté de son menu végétal. Cependant vingt millions de journées de 5 heures combien cela fait-il par habitant ? — Bien peu de chose en réalité. — Une population de 3 millions et demi doit avoir, pour le moins 1,200,000 hommes adultes capables de travailler, et autant de femmes. Eh bien, pour assurer le pain et la viande à tous, il ne faudrait donc pas plus de 17 journées de travail par an, pour les hommes seulement. Ajoutez encore trois millions de journées pour avoir le lait. Ajoutez encore autant ! le tout n'atteint pas 25 *journées de 5 heures — simple affaire de s'amuser un peu dans les champs — pour avoir ces trois produits principaux : pain, viande, et lait ;* ces trois produits qui, après le logement, font la préoccupation principale, quotidienne, des neuf dixièmes de l'humanité.

Et cependant, — ne nous lassons pas de le répéter, — nous n'avons pas fait du roman. Nous avons raconté ce qui *est*, ce qui se fait déjà sur de vastes proportions, ce qui a obtenu la sanction de l'expérience en grand. L'agriculture pourrait ***dès demain*** être réorganisée, si les lois de la propriété et l'ignorance générale ne s'y opposaient.

Le jour où Paris aura compris que savoir ce qu'on mange et comment on le produit est une question d'intérêt public ; le jour où tout le monde aura compris que cette question est infiniment plus importante que les débats du parlement ou du conseil municipal, — ce jour-là la Révolution sera faite. Paris saisira les terres des deux départements, et les cultivera. Et alors, après avoir donné pendant toute sa vie un tiers de son existence pour *acheter* une nourriture insuffisante et mauvaise, le Parisien la produira lui-même, sous ses murs, dans l'enclos des forts, (s'ils existent encore), en quelques heures d'un travail sain et attrayant.

Et maintenant, passons aux fruits et aux légumes. Sortons de Paris et allons visiter un de ces établissements de la culture maraîchère qui font, à quelques kilomètres des académies, des prodiges ignorés par les savants économistes. Arrêtons-nous, par exemple, chez M. Ponce, l'auteur d'un ouvrage sur la culture maraîchère, qui ne fait pas secret de ce que la terre lui rapporte et qui l'a raconté tout au long.

M. Ponce, et surtout ses ouvriers, travaillent comme des nègres. Ils sont huit à cultiver un peu plus d'un hectare (onze dizièmes). Ils travaillent certainement douze et quinze heures par jour, c'est-à-dire trois fois plus qu'il ne faut. Ils seraient vingt-quatre, qu'ils ne seraient pas trop. A quoi M. Ponce nous répondra problablement que, puisqu'il paie la somme effrayante de 2,500 francs par an de rente et d'impôts pour ses 11,000 mètres carrés de terrain, et 2,500 francs pour le fumier acheté dans les casernes, il est forcé de faire de l'exploitation. « Exploité, j'exploite à mon tour », serait probablement sa réponse. Son installation lui a aussi coûté 30,000 francs, sur lesquels certainement plus de la moitié en tribut aux barons fainéants de l'industrie. En somme, son installation ne représente pas plus de 3,000 journées de travail, — probablement beaucoup moins.

Mais voyons ses récoltes : 10,000 kilos de carottes, 10,000 kilos d'oignons, de radis et autres petits légumes, 6,000 têtes de choux, 3,000 choux-fleurs, 5,000 paniers de tomates, 5,000 douzaines de fruits choisis, 154,000 salades, bref, un total de 125,000 kilos de légumes et de fruits sur un hectare et un dixième — sur 110 mètres de long et 100 mètres de large. Ce qui fait plus de *110 tonnes de légumes à l'hectare*.

Mais un homme ne mange pas plus de 300 kilos de légumes et de fruits par an, et l'hectare d'un maraîcher donne assez de légumes et de fruits pour servir richement la table de 350 adultes durant toute l'année. Ainsi, 24 personnes, s'employant toute l'année à cultiver un hectare de terre, mais n'y donnant plus que cinq heures par jour, produiraient assez de légumes et de fruits pour 350 adultes, ce qui équivaut, au moins, à 500 individus.

Autrement dit, en cultivant comme M. Ponce, — et ses résultats sont déjà dépassés, — 350 adultes devraient donner chacun un peu plus de 100 heures par année (103) pour procurer les légumes et les fruits nécessaires à 500 personnes.

Remarquons qu'une production pareille n'est pas l'exception. Elle se fait sous les murs de Paris, sur une surface de 900 hectares, par 5,000 maraîchers. Seulement, ces maraîchers sont réduits à l'état de bêtes de somme, pour payer *une rente moyenne de deux mille francs par hectare.*

Mais ces faits, que chacun peut vérifier, ne prouvent-ils pas que 7,000 hectares (sur les 210,000 qui nous restent) suffiraient pour donner tous les légumes possibles, ainsi qu'une bonne provision de fruits, aux trois millions et demi d'habitants de nos deux départements ?

Quant à la quantité de travail nécessaire pour produire ces fruits et ces légumes, elle atteindrait le chiffre de 50 millions de journées de cinq heures (une cinquantaine de journées par adulte mâle), si nous prenions pour mesure le travail des maraîchers. Mais nous allons voir tout à l'heure cette quantité se réduire si l'on a recours aux procédés déjà en vogue à Jersey et à Guernesey. Nous rappellerons seulement que le maraîcher n'est forcé de tant travailler que parce qu'il produit surtout des primeurs, dont le prix élevé sert à payer des baux fabuleux, et que ses procédés mêmes réclament plus de travail qu'il n'en faut en réalité. N'ayant pas les moyens de faire de fortes dépenses pour son installation, obligé de payer très cher le verre, le bois, le fer et la houille, il a demandé au fumier la chaleur artificielle que l'on peut avoir à moins de frais par la houille et la serre chaude.

IV

Les maraîchers, disions-nous, sont contraints de se réduire à l'état de machines et de renoncer à toutes les joies de la vie pour obtenir leurs récoltes fabuleuses. Mais ces rudes piocheurs ont rendu à l'humanité un immense service en nous apprenant que l'on *fait* le sol.

Ils le font, eux, avec les couches de fumier qui ont déjà servi à donner aux jeunes plantes et aux primeurs la chaleur nécessaire. Ils font le sol en si grandes quantités que chaque année ils sont forcés de le revendre en partie. Sans cela, leurs jardins s'exhausseraient chaque année de 2 à 3 centimètres. Ils le font si bien que (c'est Barral, dans le *Dictionnaire d'agriculture*, à l'article *Maraîchers*, qui nous l'apprend), dans les contrats récents, le maraîcher stipule qu'il *emportera son sol avec lui*, lorsqu'il abandonnera la parcelle qu'il cultive. Le sol emporté sur des chars, avec les meubles et les châssis — voilà la réponse que les cultivateurs pratiques ont donnée aux élucubrations d'un Ricardo, qui représentait la rente comme un moyen d'égaliser les avantages naturels du sol. « Le sol vaut ce que vaut l'homme » — telle est la devise des jardiniers.

Et cependant, les maraîchers parisiens et rouennais se fatiguent trois fois plus que leurs frères de Guernesey et d'Angleterre pour obtenir les mêmes résultats. Appliquant l'industrie à l'agriculture, en plus du sol, ceux-ci font le climat.

En effet, toute la culture maraîchère est basée sur sur ces deux principes :

1° Semer sous châssis, élever les jeunes plantes dans un sol riche, sur un espace limité, où l'on puisse les bien soigner et les repiquer plus tard, quand elles auront bien développé le chevelu de leurs racines. Faire, en un mot, ce que l'on fait pour les animaux : leur donner des soins dans leur jeune âge.

Et 2°, pour mûrir les récoltes de bonne heure, chauffer le sol et l'air, en couvrant les plantes de châssis ou de cloches et en produisant dans le sol une forte chaleur par la fermentation du fumier.

Repiquage, et température plus élevée que celle de l'air, — voilà l'essence de la culture maraîchère, une fois que le sol a été fait artificiellement.

Ainsi que nous l'avons vu, la première de ces deux conditions est déjà mise en pratique et demande seulement quelques perfectionnements de détail. Et pour réaliser la seconde il s'agit de chauffer l'air et la terre en remplaçant le fumier par l'eau chaude circulant dans des tuyaux de fonte, soit dans le sol sous des châssis, soit à l'intérieur des serres chaudes.

C'est ce que l'on fait déjà. Le maraîcher parisien demande déjà au *thermo-syphon* la chaleur qu'il demandait jadis au fumier. Et le jardinier anglais bâtit la serre chaude.

Jadis, la serre chaude était le luxe du riche. On la réservait aux plantes exotiques ou d'agrément. Mais aujourd'hui elle se vulgarise. Des hectares entiers sont couverts de verre dans les îles de Jersey et de Guernesey, sans compter les milliers de petites serres chaudes que l'on voit à Guernesey dans chaque ferme, dans chaque jardin. Aux environs de Londres on commence à couvrir de verre des champs entiers, et des milliers de petites serres chaudes s'installent chaque année dans les faubourgs.

On en fait de toutes qualités, depuis la serre aux murs de granit, jusqu'au modeste abri clôturé en planches de sapin et à toiture de verre, qui, malgré toutes les sangsues capitalistes, ne coûte pas plus de 4 à 5 francs le mètre carré. On les chauffe ou on ne les chauffe pas du tout (l'abri seul suffit, tant qu'on ne vise pas à produire des primeurs) ; et on y fait pousser, — non plus des raisins ni des fleurs tropicales, — mais des pommes de terre, des carottes, des pois ou des flageolets.

On s'émancipe ainsi du climat. On se dispense du travail laborieux des couches ; on n'achète plus d'amas de fumier, dont les prix montent en proportion de la demande croissante ; et l'on supprime en partie le travail humain : sept ou huit hommes suffisent pour cultiver l'hectare sous verre et pour obtenir les mêmes résultats que chez M. Ponce. A Jersey, sept hommes, travaillant moins de 60 heures par semaine, obtiennent sur des espaces infinitésimaux, des récoltes qui jadis demandaient des hectares de terrain.

On pourrait donner des détails frappants à ce sujet. Bornons-nous à un seul exemple. A Jersey, 34 hommes de peine et un jardinier, cultivant un peu plus de 4 hectares sous verre (mettons 70 hommes qui ne donneraient à cela que 5 heures par jour) obtiennent d'année en année les récoltes suivantes :

25,000 kilos de raisins coupés dès le 1er mai, 80,000 kilos de tomates, 30,000 kilos de pommes de terre en avril, 6,000 kilos de pois et 2, 000 kilos de flageolets coupés en mai — soit 143, 000 kilos de fruits et de légumes, sans compter une deuxième récolte, très forte, de certaines serres, ni une immense serre d'agrément, ni les récoltes de toutes sortes de petites cultures en pleine terre, entre les serres chaudes.

Cent quarante-trois tonnes de fruits et primeurs! de quoi nourrir largement plus de 1,500 personnes, durant toute l'année. Et cela ne demande que 21,000 journées de travail, — soit 210 *heures par an* pour la moitié seulement mille des adultes.

Ajoutez-y l'extraction de 1, 000 tonnes environ de charbon (c'est ce que l'on brûle par an dans ces serres, pour chauffer 4 hectares) et l'extraction moyenne étant en Angleterre de 3 tonnes par journée de dix heures et par ouvrier, cela fait un travail supplémentaire de six à sept heures par an pour chacun des cinq cents adultes.

Somme toute, si la moitié seulement des adultes donnait une cinquantaine de demi-journées par an à la culture des fruits et des légumes *hors saison*, tous pourraient manger toute l'année des fruits et des légumes de luxe en satiété, quand bien même on ne les obtiendrait qu'en serre chaude. Et ils auraient, en même temps, comme deuxième récolte dans les mêmes serres, la plupart des légumes ordinaires qui, dans les établissements comme celui de M. Ponce, demandent, nous l'avons vu, cinquante journées de travail.

Nous venons de voir la culture de luxe. Mais nous avons déjà dit que la tendance actuelle est de faire de la serre chaude un simple potager sous verre. Et quand on l'applique à cet usage, on obtient avec des abris de verre extrêmement simples, chauffés légèrement pendant trois mois, des récoltes fabuleuses de légumes : par exemple, 450 hectolitres de pommes de terre à l'hectare, comme première récolte à la fin d'avril. Après quoi, ayant amendé le sol, on fait pousser de nouvelles récoltes, de mai à fin octobre, dans une température presque tropicale, due à l'abri de verre.

Aujourd'hui pour obtenir 450 hectolitres de pommes de terre, il faut labourer chaque année une surface de 20 hectares, ou plus, planter et plus tard rechausser les plants, arracher les mauvaises herbes à la houe; et ainsi de suite. On sait ce que cela demande de peine. Avec l'abri de verre, on emploiera, peut-être, pour commencer, une demi-journée de travail par mètre carré. Mais, cette première besogne accomplie, on économisera la moitié, sinon les trois quarts du travail à venir.

Voilà des *faits*, voilà des résultats obtenus, vérifiés, bien connus, dont chacun peut se persuader en visitant les cultures. Et ces faits, ne sont-ils pas déjà suffisants pour donner une idée de ce que l'homme peut obtenir du sol s'il le traite avec intelligence?

V

Dans tous nos raisonnements nous avons tablé sur des précédents admis déjà et en partie mis en pratique. La culture intensive des champs, les plaines arrosées par les eaux d'égout, l'horticulture maraîchère, enfin le potager sous verre, sont des réalités. Ainsi que Léonce de Lavergne l'avait prévu, il y a trente ans, la tendance de l'agriculture moderne est de réduire autant que possible l'espace cultivé, de créer le sol et le climat, de concentrer le travail et de réunir toutes les conditions nécessaires à la vie des plantes.

Cette tendance est née du désir de réaliser de fortes sommes d'argent sur la vente des primeurs. Mais depuis que les procédés de culture intensive sont trouvés, ils se généralisent et s'étendent aux légumes les plus communs, parce qu'ils permettent de se procurer *plus* de produits avec *moins* de travail et plus de sécurité.

En effet, après avoir étudié les abris de verre les plus simples de Guernesey, nous affirmons que, tout compte fait, on dépense *beaucoup moins* de travail pour obtenir sous verre, en avril, des pommes de terre qu'on n'en dépense pour avoir sa récolte trois mois plus tard, en plein air, en bêchant un espace cinq fois plus grand, en l'arrosant et en extirpant les mauvaises herbes, etc. C'est comme pour l'outil ou la machine. On économise sur le travail en employant un outil ou une machine perfectionnés, alors même qu'il faut une dépense préalable pour acheter l'outil.

Des chiffres complets concernant le culture des légumes communs sous verre nous manquent encore. Cette culture est d'origine récente et ne se fait que sur de petits espaces. Mais nous avons des chiffres concernant la culture, déjà vieille d'une trentaine d'années, d'un objet de luxe, le raisin ; et ces chiffres sont concluants.

Dans le Nord de l'Angleterre, sur la frontière d'Ecosse, où le charbon ne coûte que 4 francs la tonne à la bouche du puits, on se livre depuis longtemps à la culture du raisin en serres chaudes. Il y a trente ans, ces raisins, mûrs en janvier, se vendaient par le cultivateur, à raison de 25 francs la livre et on les revendait 50 francs pour la table de Napoléon III. Aujourd'hui, le même producteur ne les vend plus que 3 francs la livre. Il nous l'apprend lui-même dans un article récent d'un journal d'horticulture. C'est que des concurrents envoient des tonnes et des tonnes de raisin à Londres et à Paris. Grâce au bon marché du charbon et à une culture intelligente, le raisin en hiver croît au Nord et fait son voyage, en sens contraire des produits ordinaires, vers le midi. En mai, les raisins anglais et ceux de Jersey sont vendus deux francs la livre par les jardiniers, et encore ce prix, comme celui de 50 francs d'il y a trente ans, ne se maintient que par la faiblesse de la concurrence. En octobre, les raisins cultivés en immenses quantités aux environs de Londres, — toujours sous verre, mais avec un peu de chauffage artificiel, — se vendent au même prix que les raisins achetés à la livre dans les vignes de la Suisse ou du Rhin, c'est-à-dire pour quelques sous. C'est encore trop cher des deux tiers, par suite de la rente excessive du sol, des frais d'installation et de chauffage, sur lesquels le jardinier paie un tribut formidable à l'industriel et à l'intermédiaire. Ceci expliqué, on peut dire qu'il ne coûte *presque rien* d'avoir en automne des raisins délicieux sous la latitude et le climat brumeux de Londres. Dans un de ses faubourgs par exemple, un méchant abri de verre et de plâtre, appuyé contre notre maisonnette, et long de trois mètres sur deux de large, nous donne en octobre, chaque année depuis trois ans, près de 50 livres de raisin d'un goût exquis. La récolte provient d'un cep de vigne, âgé de six ans[1]. Et l'abri est si mauvais qu'il pleut à travers. La nuit, la température y est toujours celle du dehors. Il est évident qu'on ne le chauffe pas, autant vaudrait chauffer la rue! Et les soins à donner sont : la taille de la vigne, pendant une demi-heure par an, et l'apport d'une brouette de fumier que l'on renverse au pied du cep, planté dans l'argile rouge en dehors de l'abri.

Si l'on évalue, d'autre part, les soins excessifs donnés à la vigne sur les bords du Rhin ou du Léman, les terrasses construites pierre à pierre sur les pentes des coteaux, le transport du fumier et souvent de la terre à une hauteur de deux à trois cents pieds, on arrive à la conclusion qu'en somme, la dépense de travail nécessaire pour cultiver la vigne est plus considérable en Suisse ou sur les bords du Rhin qu'elle ne l'est sous verre, dans les faubourgs de Londres.

Cela peut paraître paradoxal au premier abord, parce que l'on pense généralement que la vigne pousse d'elle-même dans le midi de l'Europe et que le travail du vigneron ne coûte rien. Mais les jardiniers et les horticulteurs, loin de nous démentir, confirment nos assertions. « La culture la plus avantageuse en Angleterre est la culture de la vigne », dit un jardinier pratique, le rédacteur du *Journal d'Horticulture* anglais. Les prix d'ailleurs, ont, on le sait, leur éloquence.

Traduisant ces faits en langage communiste, nous

1. La vigne elle-même représente les recherches patientes de deux ou trois générations de jardiniers. C'est une variété de

pouvons affirmer que l'homme ou la femme qui prendront sur leurs loisirs *une vingtaine d'heures par an*, pour donner quelques soins, — très agréables au fond, — à deux ou trois ceps de vignes plantés sous verre sous n'importe quel climat de l'Europe récolteront autant de raisins qu'on en peut manger dans sa famille et entre amis. Et cela s'applique non seulement aux produits de la vigne, mais à ceux de tous les arbres fruitiers acclimatés.

Telle commune qui pratiquera en grand les procédés de la petite culture aura tous les légumes possibles, indigènes ou exotiques, et tous les fruits désirables, sans y employer à cela plus de quelques dizaines d'heures par année et par habitant.

Ce sont des faits que l'on peut vérifier dès demain. Il suffirait qu'un groupe de travailleurs suspendît pendant quelques mois la production de certains objets de luxe, et donnât son travail à la transformation de cent hectares de la plaine de Gennevilliers en une série de jardins potagers, chacun avec sa dépendance d'abris de verre chauffés, pour les semis et les jeunes plantes ; qu'il couvrît en outre cinquante hectares de serres chaudes économiques, pour l'obtention des fruits, en laissant évidemment le soin des détails d'organisation à des jardiniers et à des maraîchers expérimentés.

En se basant sur la moyenne de Jersey, qui nécessite le travail de 7 à 8 hommes par hectare sous verre, — ce qui fait moins de 24,000 heures de travail par an, — l'entretien de ces 150 hectares réclamerait chaque année environ 3, 600, 000 heures de tra-

Hambourg, admirablement adaptée aux hivers froids. Elle a besoin de gelée en hiver pour que le bois mûrisse.

vail. Cent jardiniers, compétents pourraient donner à ce travail cinq heures par jour, — et le reste serait fait tout simplement par des gens qui, sans être jardiniers de profession, sauraient manier la bêche, le râteau, la pompe d'arrosage, ou surveiller un fourneau.

Mais ce travail donnerait au bas mot, — nous l'avons vu dans un chapitre précédent, — tout le nécessaire et le luxe possibles en fait de fruits et de légumes pour 75,000 ou 100,000 personnes au moins. Admettez qu'il y ait dans ce nombre 36,000 adultes désireux de travailler au potager. Chacun aurait donc à consacrer cent heures par an, réparties sur toute l'année. Ces heures de travail deviendraient des heures de récréation, passées entre amis, avec les enfants, dans des jardins superbes, plus beaux, probablement, que ceux de la légendaire Sémiramis [1].

Voilà le bilan de la peine à prendre pour pouvoir manger à satiété des fruits dont nous nous privons aujourd'hui, et pour avoir en abondance tous les légumes que la mère de famille rationne si scrupuleusement lorsqu'il lui faut compter les sous dont elle enrichira le rentier et le vampire-propriétaire.

1. Récapitulant les chiffres qui ont été donnés sur l'agriculture, chiffres prouvant que les habitants des deux départements de la Seine et de Seine-et-Oise peuvent parfaitement vivre sur leur territoire en n'employant annuellement que fort peu de temps pour en obtenir sa nourriture, nous avons :

Départements de la Seine et de Seine-et-Oise :

Nombre d'habitants en 1886	3.600.000
Superficie en hectares	610.000
Nombre moyen d'habitants par hectare	5,90

Surfaces à cultiver pour nourrir les habitants (en hectares) :

Blés et céréales	200.000
Prairies naturelles et artificielles	200 000
Légumes et fruits 7,000 à	10.000
Reste pour maisons, voies de communications, parcs, forêts	200.000

Ah, si l'humanité avait seulement la conscience de ce qu'elle *peut*, et si cette conscience lui donnait seulement la force de *vouloir* !

Si elle savait que *la couardise de l'esprit* est l'écueil sur lequel toutes les révolutions ont échoué jusqu'à ce jour !

IV

On entrevoit aisément les horizons nouveaux ouverts à la prochaine révolution sociale.

Chaque fois que nous parlons de la révolution, le travailleur sérieux, qui a vu des enfants manquant de nourriture, fronce les sourcils et nous répète obstinément : — « Et le pain ? — N'en manquera-t-on pas si tout le monde mange à son appétit ? Et si la campagne, ignorante, travaillée par la réaction, affame la ville comme l'ont fait les bandes noires en 1793, — que fera-t-on ? »

Quantité de travail annuel nécessaire pour améliorer et cultiver les surfaces ci-dessus (en journées de travail de 5 heures) :

Blé (culture et récolte)	15.000.000
Prairies, lait, élevage du bétail	10.000.000
Culture maraîchère, fruits de luxe, etc.	33.000.000
Imprévu	12.000.000
Total	70.000.000

Si on suppose que la moitié seulement des adultes valides (hommes et femmes) veuille s'occuper d'agriculture, on voit qu'il faut répartir 70 millions de journées de travail entre 1,200.000 individus. Ce qui donne *par an cinquante-huit journées de travail de 5 heures pour chacun de ces travailleurs.*

Que la campagne essaie seulement ! Les grandes villes se passeront alors de la campagne.

A quoi s'emploieront, en effet, ces centaines de mille travailleurs qui s'asphyxient aujourd'hui dans les petits ateliers et les manufactures, le jour où ils reprendront leur liberté ? Continueront-ils, après la révolution comme avant, à s'enfermer dans les usines ? Continueront-ils à faire de la bimbeloterie de luxe pour l'exportation, alors qu'ils verront peut-être le blé s'épuiser, la viande devenir rare, les légumes disparaître sans être remplacés ?

Evidemment non ! Ils sortiront de la cité, ils iront dans les champs ! Aidés de la machine qui permettra aux plus faibles d'entre nous de donner leur coup d'épaule, ils porteront la révolution dans la culture d'un passé esclave, comme ils l'auront portée dans les institutions et dans les idées.

Ici, des centaines d'hectares se couvriront de verre, et l'homme et la femme aux doigts délicats soigneront les jeunes plantes. Là, d'autres centaines d'hectares seront labourées au défonceur à vapeur, amendées par des engrais ou enrichies d'un sol artificiel obtenu par la pulvérisation de la roche. Les légions joyeuses de laboureurs d'occasion couvriront ces hectares de moissons, guidés dans leur travail et leurs expériences, en partie par ceux qui connaissent l'agriculture, mais surtout par l'esprit, grand et pratique, d'un peuple réveillé d'un long sommeil, et qu'éclaire et dirige ce phare lumineux — le bonheur de tous.

Et en deux ou trois mois, les récoltes hâtives viendront soulager les besoins les plus pressants et pourvoir à la nourriture d'un peuple qui, après tant de siècles d'attente, pourra enfin assouvir sa faim et manger à son appétit.

Entre temps, le génie populaire, le génie d'un peuple qui se révolte et connaît ses besoins, travaillera à expérimenter les nouveaux moyens de culture que l'on presse nt déjà à l'horizon et qui ne demandent que le baptême de l'expérience pour se généraliser. On expérimentera la lumière, — cet agent méconnu de la culture qui fait mûrir l'orge en 45 jours sous la latitude de Yakoutsk : — concentrée ou artificielle, la lumière rivalisera avec la chaleur pour hâter la croissance des plantes. Un Mouchot de l'avenir inventera la machine qui doit guider les rayons du soleil et les faire travailler, sans qu'il soit besoin d'aller chercher dans les profondeurs de la terre la chaleur solaire emmagasinée dans la houille. On expérimentera l'arrosage du sol avec des cultures de micro-organismes, — idée si rationnelle née d'hier, qui permettra de donner au sol les petites cellules vivantes si nécessaires aux plantes, soit pour alimenter les radicelles, soit pour décomposer et rendre assimilables les parties constitutives du sol.

On expérimentera... mais non, n'allons pas plus loin, nous entrerions dans le domaine du roman. Restons dans la réalité des faits acquis. Avec les procédés de culture en usage déjà, appliqués en grand, sortis dès aujourd'hui victorieux de la lutte contre la concurrence marchande, nous pouvons nous donner l'aisance et le luxe, en retour d'un travail agréable. L'avenir prochain montrera ce qu'il y a de pratique dans les futures conquêtes que font entrevoir les récentes découvertes scientifiques.

Bornons-nous présentement à inaugurer la voie nouvelle consistant dans l'étude des besoins et des moyens d'y satisfaire.

La seule chose qui puisse manquer à la révolution, c'est la hardiesse de l'initiative.

Abrutis par nos institutions à l'école, asservis au passé dans l'âge mûr et jusqu'au tombeau, nous n'osons presque pas penser. Est-il question d'une idée nouvelle ? Avant de nous faire une opinion, nous irons consulter des bouquins vieux de cent ans pour savoir ce que les anciens maîtres pensaient à ce sujet.

Si la hardiesse de la pensée et l'initiative ne manquent pas à la révolution, ce ne seront pas les vivres qui lui feront défaut.

De toutes les grandes journées de la grande Révolution, la plus belle, la plus grande, qui restera gravée à jamais dans les esprits, fut celle où les fédérés, accourus de toutes parts, travaillèrent la terre du Champ de Mars pour préparer la fête.

Ce jour-là, la France fut *une* ; animée de l'esprit nouveau, elle entrevit l'avenir qui s'ouvrait devant elle dans le travail en commun de la terre.

Et ce sera encore par le travail en commun de la terre que les sociétés affranchies retrouveront leur unité et effaceront les haines, les oppressions, qui les avaient divisées.

Pouvant désormais concevoir la solidarité, cette puissance immense qui centuple l'énergie et les forces créatrices de l'homme, — la société nouvelle marchera à la conquête de l'avenir avec toute la vigueur de la jeunesse.

Cessant de produire pour des acheteurs inconnus, et cherchant dans son sein même des besoins et des goûts à satisfaire, la société assurera largement la vie et l'aisance à chacun de ses membres en même temps que la satisfaction morale que donne le travail librement choisi et librement accompli, et la joie de pouvoir vivre sans empiéter sur la vie des autres. Inspirés d'une nouvelle audace, nourrie par le sentiment de solidarité, tous marcheront ensemble à la conquête des hautes jouissances du savoir et de la création artistique.

Une société ainsi inspirée n'aura à craindre ni les dissensions à l'intérieur, ni les ennemis du dehors. Aux coalitions du passé elle opposera son amour pour l'ordre nouveau, l'initative audacieuse de chacun et de tous, sa force devenue herculéenne par le réveil de son génie.

Devant cette force irrésistible, les « rois conjurés » ne pourront rien. Ils n'auront qu'à s'incliner devant elle, s'atteler au char de l'humanité, roulant vers les horizons nouveaux, entr'ouverts par la Révolution sociale.

FIN

TABLE DES CHAPITRES

ÉMILE COLIN. — IMPRIMERIE DE LAGNY.

www.ingramcontent.com/pod-product-compliance
Ingram Content Group UK Ltd.
Pitfield, Milton Keynes, MK11 3LW, UK
UKHW020106200726
13856UKWH00002B/408